社会主义新农村建设丛书

新型村庄规划与建设

农业部农民科技教育培训中心
北京农业职业学院
组编

中国农业大学出版社

图书在版编目(CIP)数据

新型村庄规划与建设/农业部农民科技教育培训中心，北京农业职业学院组编．—北京：中国农业大学出版社，2006.8
(社会主义新农村建设丛书)
ISBN 7-81117-068-X

Ⅰ．新… Ⅱ．①农… ②北… Ⅲ．①乡村规划-研究-中国 ②农村住宅-建筑设计 Ⅳ．①TU982.29 ②TU241.4

中国版本图书馆 CIP 数据核字(2006)第 088985 号

书　名	新型村庄规划与建设		
作　者	农业部农民科技教育培训中心 北京农业职业学院 组编		
策划编辑	汪春林	**责任编辑**	童　云
封面设计	郑　川	**责任校对**	陈　莹　王晓凤
出版发行	中国农业大学出版社		
社　址	北京市海淀区圆明园西路 2 号	**邮政编码**	100193
电　话	发行部 010-62731190,2620	读者服务部	010-62732336
	编辑部 010-62732617,2618	出　版　部	010-62733440
网　址	http://www.cau.edu.cn/caup	**e-mail**	cbsszs@cau.edu.cn
经　销	新华书店		
印　刷	涿州市星河印刷有限公司		
版　次	2006 年 8 月第 1 版　2010 年 11 月第 3 次印刷		
规　格	850×1 168　32 开本　7.625 印张　138 千字		
印　数	13 001～16 000		
定　价	11.30 元		

凡本教材出现印刷、装订错误，请向农业部农民科技教育培训中心教材处调换。
联系地址：北京市朝阳区来广营甲 1 号；电话：010-84904997；邮编 100012
网址：www.ngx.net.cn

社会主义新农村建设丛书
编委会

新型村庄规划与建设

主　　编　李春亭　陈肖安

副 主 编　刘　靓　焦有权　刘春鸣　袁　平

审　　稿　刘永泉　寇建平　马俊哲

前　言

党的十六届五中全会发出了建设社会主义新农村的伟大号召。社会主义新农村就是要生产发展、生活宽裕、乡风文明、村容整洁、管理民主。“村容整洁”是建设社会主义新农村的五大基本要求之一。“村容整洁”了，农村生态环境、基础设施环境和人文环境就会得到大大改善，广大农民群众的生存质量就会得到优化，农民的生活水平自然就会得到提高，农村社会也就会更加稳定和谐。

建设社会主义新农村是一项长期的任务，是一个历史性的进程。农村和农业的落后局面是历史形成的。当前，我们国家有 60 多万个行政村、300 多万个自然村，各地的情况千差万别。要想彻底改造农村的面貌，不是一朝一夕之功，也不可能一蹴而就，它是与社会主义现代化建设相一致的漫长过程，需要几十年，有的地方甚至需要上百年。面对建设社会主义新农村这项长期的、艰巨的、复杂的任务，必须做好长期艰苦奋斗的思想准备。为了实现农村的长远发展，必须强调新型村庄建设规划的重要性，必须牢牢抓住关系到广大农民切身利益的新型村庄建设这一“牛鼻子”。规划是龙头，是推进社会主义新农村建设的总纲领，新农村建设必须坚持规划先行这一个总原则。规划是蓝图，可以使农民群众看到未来，从而振奋精神、增强信心；规划是“指挥棒”，能够使农民群众知道下一步干什么、怎么干。只有科学合理地搞好村庄建设规划，才能保证新型村庄建设的健康有序进行，才能提高新型村庄建设的整体水平。

建设社会主义新农村必须依靠广大农民的自主创新，通过自己的辛勤劳动建设美好家园。尊重农民的意愿，尊重农民的首创精神，激发农民自主创业的潜能，既应作为各级党委和政府的思想方法和工作方法，也是新农村建设的动力之源。而一切形式主义和表面文章，是万万搞不得的，也是不可能行得通的。为了更好地帮助广大农民朋友和农村基层工作者在社会主义新农村建设的伟大事业中搞好村庄规划与建设工作，提高其建设自己美好家园的能动性和积极性，以及能力和水平，我们组织专家编写了这本《新型村庄规划与建设》，供大家在学习、培训、研究和工作实践中参考。希望在建设我们美好家园的过程中，能发挥添砖加瓦的作用。由于时间仓促及编者水平所限，错误和疏漏之处在所难免，恳请读者朋友不吝指正，并使我们对建设社会主义新农村的理论与实践不断加深认识，共同提高建设社会主义新农村的能力。

编　者

2006 年 7 月 10 日

目　录

第一篇　村庄规划导则

第二篇　农村道路规划与建设

第三篇　村庄生活基础设施规划与建设

第四篇　农村公用设施规划与建设

第五篇　村庄人居环境及生态家园建设

第六篇　住宅规划与建设

第七篇　村庄设施的运行与维护管理

附　录

第一篇　村庄规划导则

关注农民生活，发展农业生产，改善农村条件，目前已经成为全社会关心和关注的焦点。2006 年我国社会主义新农村建设掀起高潮。为从根本上解决农民、农业、农村“三农”问题，实现村镇的发展，必须强调规划的重要性，尤其是关系到广大农民家家户户的村庄规划。

所谓村镇规划是实现一定时期内村镇经济和社会发展目标，确定性质、规模和发展方向，合理利用土地，协调空间布局和各项建设的综合部署和具体安排。可以说，“规划进村”是建设社会主义新农村的重要环节。

目前，我国农村村庄建设中存在的主要问题是：缺乏科学、长远的规划和技术支持，建设无序，村庄布局不合理，建设缺乏特色，农村公共基础设施不完善，人居环境差，许多村庄普遍存在污水垃圾乱排乱倒，道路没有硬化亮化等现象，综合防灾防疫能力较为脆弱等。同时，一些村庄的产业发展盲目“跟风”，制约着村庄经济的可持续发展。更有甚者，一些村庄制定了村庄建设规划却不按规划执行，依然随意修路建房，导致许多村庄建设存在无序、凌乱的现象，村庄布局存在“只见新房、不见新村”的现象，严重影响土地的集约利用和农业的规模经营。

这些问题的出现很大程度上是由于没有合理地进行村庄规划。合理的村庄规划要考虑到该地区的地域特点并确定出将来一段时间的发展目标，根据该目标进行各项建设的综合部署和具体安排，以及合理地进行用地布局。村庄规划需要科学的指导，否则将变成“拆”和“迁”，既劳民伤财又阻碍了村庄的发展。因此，农村村庄建设规划，不能简单看作是民居点的规划和老村庄的改造，而是要使它既能反映乡村的特色，又能适应区域的产业结构。新农村建设所需要的规划应该具有更加广阔的视角：包括农村产业的“经济社会”规划。以“生产发展、生活宽裕、乡风文明、村容整洁、管理民主”为目标，不仅包括美好的居住环境，还包括持久永续的生产发展和健康民主的社会生活。

一、村庄建设规划的制定

村庄规划由镇人民政府负责组织编制。承担编制村庄建设规划任务的单位，应当具有国家规定的资质。编制村庄规划应当遵循《中华人民共和国城市规划法》和《村庄和集镇规划建设管理条例》确定的规划原则，符合《村镇规划标准》等有关技术规定。编制村镇规划通常分为村镇总体规划和村镇建设规划两个阶段。一般说来村庄规划包括在村镇建设规划当中。

村镇总体规划是对乡（镇）域范围内村镇体系及重要

建设项目的整体部署，是编制村庄规划的依据。村镇体系规划是以县域规划为依据，对全镇辖区范围内的村镇进行合理布局，对主要建设项目进行全面规划，并达到指导村庄规划的编制。在编制村镇总体规划前，可以先制定村镇总体规划纲要，作为编制村镇总体规划的依据。

(一)村镇总体规划纲要

村镇总体规划纲要应当经乡（镇）人民政府批准后，方可作为编制村镇总体规划的依据。

村镇总体规划纲要应当包括下列内容：

(1)根据县(市)域规划，特别是县(市)域城镇体系规划所提出的要求，确定乡(镇)的性质和发展方向。

(2)根据对乡(镇)本身发展优势、潜力与局限性的分析，评价其发展条件，明确长远发展目标。

(3)根据农业现代化建设的需要，提出调整村庄布局的建议，原则确定村镇体系的结构与布局。

(4)预测人口的规模与结构变化，重点是农业富余劳动力空间转移的速度、流向与城镇化水平。

(5)提出各项基础设施与主要公共建筑的配置建议。

(6)原则确定建设用地标准与主要用地指标，选择建设发展用地，提出镇区的规划范围和用地的大体布局。

(二)村镇总体规划

村镇总体规划的主要任务是：综合评价乡（镇）发展条件；确定乡（镇）的性质和发展方向；预测乡（镇）行政区域内的人口规模和结构；拟定所辖各村庄的性质与规模；

布置基础设施和主要公共建筑;指导镇区和村庄建设规划的编制。

1. 村镇总体规划应当包括下列内容

(1)对现有居民点与生产基地进行布局调整,明确各村在村镇体系中的地位。

(2)确定各个主要居民点与生产基地的性质和发展方向,明确它们在村镇体系中的职能分工。

(3)确定乡(镇)域及规划范围内主要居民点的人口发展规模和建设用地规模。

人口发展规模的确定:用人口的自然增长加机械增长的方法计算出规划期末乡(镇)域的总人口。在计算人口的机械增长时,应当根据产业结构调整的需要,分别计算出从事一、二、三产业所需要的人口数,估算规划期内有可能进入和迁出规划范围的人口数,预测人口的空间分布。

建设用地规模的确定:根据现状用地分析,土地资源总量以及建设发展的需要,按照《村镇规划标准》确定人均建设用地标准。结合人口的空间分布,确定各主要居民点与生产基地的用地规模和大致范围。

(4)安排交通、供水、排水、供电、电讯等基础设施,确定工程管网走向和技术选型等。

(5)安排卫生院、学校、文化站、商店、农业生产服务中心等对全乡(镇)域有重要影响的主要公共建筑。

2. 总体规划期限

村镇总体规划的期限一般为 10～20 年。

3. 总体规划成果

村镇总体规划的成果应当包括图纸与文字资料两部分。

图纸应当包括：

(1)乡(镇)域现状分析图。比例尺 1∶10 000，根据规模大小可在 1∶5 000～1∶25 000 之间选择。

(2)村镇总体规划图。比例尺必须与乡(镇)域现状分析图一致。

文字资料应当包括：

(1)规划文本，主要对规划的各项目标和内容提出规定性要求。

(2)经批准的规划纲要。

(3)规划说明书，主要说明规划的指导思想、内容、重要指标选取的依据，以及在实施中要注意的事项。

(4)基础资料汇编。

(三)村庄建设规划的任务

村镇建设规划是在村镇总体规划的指导下对镇区或村庄建设进行的具体安排，分为镇区建设规划和村庄建设规划。

村庄建设规划的任务是：以村镇总体规划为依据，确定村庄的性质和发展方向，预测人口和用地规模、结构，进行用地布局，合理配置各项基础设施和主要公共建筑，安排主要建设项目的时间顺序，并具体落实近期建设项目。

(四)村庄建设规划的内容

村庄建设规划应当包括下列内容：

(1)在分析土地资源状况、建设用地现状和经济社会发展需要的基础上,根据《村镇规划标准》确定人均建设用地指标,计算用地总量,再确定各项用地的构成比例和具体数量。

(2)进行用地布局,确定居住、公共建筑、生产、公用工程、道路交通系统、仓储、绿地等建筑与设施建设用地的空间布局,做到联系方便、分工明确,划清各项不同使用性质用地的界线。

(3)根据村镇总体规划提出的原则要求,对规划范围的供水、排水、供热、供电、电讯、燃气等设施及其工程管线进行具体安排,按照各专业标准规定,确定空中线路、地下管线的走向与布置,并进行综合协调。

(4)确定旧镇区改造和用地调整的原则、方法和步骤。

(5)对中心地区和其他重要地段的建筑体量、体型、色彩提出原则性要求。

(6)确定道路红线宽度、断面形式和控制点坐标标高,进行竖向设计,保证地面排水顺利,尽量减少土石方量。

(7)综合安排环保和防灾等方面和设施。

(五)村庄建设规划的成果

村庄建设规划的成果包括说明书和图纸。

1. 图纸应当包括

(1)村庄现状分析图。主要表明各类现有建筑物的位置、层数、体量大小，现状道路宽度等内容。比例尺一般为 1∶1 000 或 1∶2 000。

(2)村庄规划图。在地形测量图上标出各项用地的位置和各类建筑物的详细布置。比例尺一般为 1∶1 000 或 1∶2 000。

(3)住宅院落规划图。图上表明住宅平面形式和院落内的组合方式，必要时增加住宅建筑平面、立面、剖面图。比例尺为 1∶200。

除此之外，还可根据村庄的实际情况绘制各种工程管线规划图。

2. 文字成果

简要说明村庄的现状情况，规划意图、指导思想、建设项目的安排等。

(六)村庄建设规划的编制程序

(1)现状测量和调查收集资料。

(2)编制现状分析图和规划纲要。

(3)进行住宅的选型，计算住宅的需要量。

(4)计算各项公共建筑的建筑面积和用地面积。

(5)计算各项用地面积，包括住宅、公共建筑、道路、绿化及其他等。

(6)规划布置各项用地，包括布置道路、住宅、公共建筑、绿化等。

(7)计算技术经济指标，包括村庄建设用地、总人口、总户数、人均建设用地、住宅层数、住宅用地面积、公共建筑面积、建筑密度。

(8)做用地平衡表,估算造价。

(9)编写规划说明书。

二、村庄建设规划的指导思想、依据、基本原则、目标和内容

(一)指导思想

根据党的十六届五中全会精神和《中华人民共和国国民经济和社会发展第十一个五年规划纲要》,以及各地的"十一五"规划安排,新型村庄建设规划的指导思想为:以"三个代表"重要思想和科学发展观,发展循环经济,建设社会主义新农村的战略思想为指导,按照"生产发展、生活宽裕、乡风文明、村容整洁、管理民主"的要求,坚持城乡、环境、社会服务、基础设施统筹协调发展,加强农村基础设施建设,加快农村经济、农业主导产业和社会事业发展,着力建设布局合理、环境优美、设施齐全、服务配套、生活舒适的农村新社区。

(二)规划依据

《中共中央、国务院关于推进社会主义新农村建设的若干意见》;《城市规划法》;《中华人民共和国国民经济和社会发展第十一个五年规划纲要》;《村镇规划编制办法》;《村庄和集镇规划建设管理条例》;《村镇规划标准(GB 50188—93)》。

(三)规划原则

1. 结合现状,综合部署

根据国民经济和社会发展计划,结合当地经济发展的现状和要求,以及自然环境、资源条件和历史情况等,统筹兼顾,综合部署村庄的各项建设。

2. 近远结合,与时俱进

处理好近期建设与远景发展、改造与新建的关系,使村庄的性质和建设的规模、速度和标准,同经济发展和农民生活水平相适应。

3. 利用原有,节约用地

合理用地,节约用地,各项建设应当相对集中,充分利用原有建设用地,新建、扩建工程及住宅应当尽量不占用耕地和林地。

4. 合理布局,协调发展

有利生产,方便生活,合理安排住宅、公共设施的建设布局,促进农村各项事业协调发展,并适当留有发展余地。

5. 加强环保,绿色村容

保护和改善生态环境,防治污染和消除公害,加强绿化村容村貌和环境卫生建设。

6. 发扬传统,地方特色

结合村庄自然条件、历史文化和传统特色,创造具有地方特色的农业景观结构。

（四）规划目标

根据党的十六届五中全会精神和《中华人民共和国国民经济和社会发展第十一个五年规划纲要》，以及各地的“十一五”规划安排，新型村庄建设规划的目标是：力争到“十一五”末，使村庄统一科学规划，节约用地，农村经济和农业产业结构优化、合理；村容村貌整洁，环境优美，基本实现村通柏油路、通电视、通广播、通电话；自来水普及率达到90%以上；人畜粪便和生活污水治理率达到80%以上；农网改造覆盖率达100%；适宜农户全部使用洁净新能源，村级公共事业服务水平显著提高，并在实践中逐步形成村级公共基础设施的运行与维护管理的长效机制，保障新农村建设健康有序进行。

（五）规划内容

近期村庄建设规划的内容：为指导村庄在短时间内解决当前发展面临的急迫问题，建议在充分调查研究现状的基础上先编制村庄近期建设规划。编制近期村庄建设规划应注意现实性，尽量采取生态、环保、节约的方法和措施，在目前村集体和政府扶持财力有限的前提下，能够做到少花钱多办事，达到最大的投资效益，避免不顾实际地追求所谓高标准、高起点、国际化。同时，还应研究分析近期村庄建设规划是否符合周边城市建设的规划要求，避免与城市规划（道路规划、市政管线规划、城市建设用地规划）发生矛盾造成投资浪费。

近期村庄建设规划主要解决以下几个方面的问题：

(1)道路交通。村内主要道路(街坊路)、次要道路、甬路路面硬化,路边绿化,排水边沟,桥梁、涵管、过水路面等。

(2)村政设施。供电设施、线路是否老化需要更换,地下水达标是否需要打井或增加净水措施,厕所污水是否能保证及时抽取,洗漱污水是否有排水管沟,村边雨水排除沟渠是否顺畅,渗坑增加过滤材料并采取生态措施(如种植植物),煤气换气站,秸秆气化站,沼气站,垃圾收集和垃圾封闭堆放运输服务。

(3)公共服务。行政管理(村委会),托幼设施,老年活动站,文化站(互联网),公共活动场地、公园、健身器械、健身场地,便民超市、早市等。

(4)环境整治。街道整理,局部拆除,公共宣传栏,村入口处标志,柴草堆放整理,散乱垃圾清除,低洼地填平等。

(5)历史文化。需要保护的古建筑、城墙等遗迹,古树,石碑,石雕等,传统手工艺;村庄规划编制的具体内容。

(6)人口及产业发展。人口规模预测,建设用地规模,宜农产业发展规划,劳动力安置计划。

(7)用地布局规划。村域范围的用地规划,产业发展空间布局和自然生态环境保护;村庄范围的建设用地规划,居住区、产业区、公共服务设施用地布置,合理布局,避免不利因素,宅基地紧凑布置,保证公共设施用地规模和合理位置。

(8)景观规划。村庄景观(对景)、景点规划,满足人均公共绿地指标的绿地规模,对绿化布置的建议(绿化形式、树种等)。

(9)道路交通规划。村庄道路网,村庄道路等级(建议分两级)的宽度,道路建设调整和优化,停车场地、设施考虑,公交车站布置等。

(10)市政规划。供电,电信,上水,下水(雨水管沟,小型污水处理设施),冲水厕所、三格式雾化处理厕所,燃气解决方案,供暖节能方案。各单位可以根据自己擅长专业,有所侧重。

(11)公共服务设施规划。行政管理,教育设施,医疗卫生,文化娱乐,商业服务,集贸市场。村庄公共服务设施的规划应体现政府公共管理保障和市场自主调节两方面,综合考虑村庄经济水平和分布特点,可采取分散与共享相结合的布局方式,体现服务全覆盖的思路。

(12)防灾及安全。现状有自然险情(泥石流、塌方等)、市政防护要求(如高压线、垃圾填埋场等)的村庄,应着力根据区域方案进行搬迁研究或规划提出可行的安全措施;农村消防(如消防通道)规划建设。

(13)农村住宅设计应紧密结合当地特点,针对不同地区特点设计有地方特色的农村住宅。

①住宅设计应充分结合当地农民的经济状况和生产、生活习惯,综合考虑院落和房屋的有机联系。

②建筑材料应考虑尽量利用当地材料，建筑风格宜采用当地形式。

③施工做法应考虑投资成本和工艺上的可行性，在建筑安全、节能保温、配套设施方面适当提高标准。

(14)其他规划。可根据各村情况选做。

①公共活动中心的建设要充分利用当地景观资源、历史文化资源，结合布置文化设施、医疗卫生、行政管理、教育设施、商业服务等，创造富有活力的村庄公共活动中心。

②适合农村的市政设施的设计，例如简易污水处理设施、雨水收集利用设施、污水渗坑过滤层、沼气利用技术、秸秆综合利用等。

③结合地方特点的产业发展、村民就业建议，例如山区、风景区的旅游服务、农家游、健身娱乐项目等。

其他：设计单位可结合现状调查的结果和村庄的特色，进行相应的专题研究和规划。

第二篇　农村道路规划与建设

道路硬化、绿化、美化、亮化在社会主义新农村建设中非常重要。“要想富，先修路”。当前，农村的道路状况有了很大的改观，但部分农村的道路标准还很低，道路狭窄，通行能力低；硬化条件差，道路泥泞；绝大部分道路缺乏规划和设计；绿化、美化、亮化条件的欠缺更是严重影响了农村环境。因此，农村道路应先规划和设计，然后按照要求组织施工。

一、公路的组成及路基设计的基本要求

（一）公路的主要组成部分

公路的基本组成部分包括：路基、路面、桥梁、涵洞、隧道、防护工程（护坡、挡土墙、护脚等）、排水工程（边沟、截水沟、排水沟、盲沟、跌水、急流槽、过水路面、渗水路堤、倒虹吸）等。此外，尚需有各种附属设施，如公路标志、护栏、路灯及道路绿化美化等。

1. 路基

路基是路面的基础，必须稳定坚实，路基横断面如图

2-1 所示。

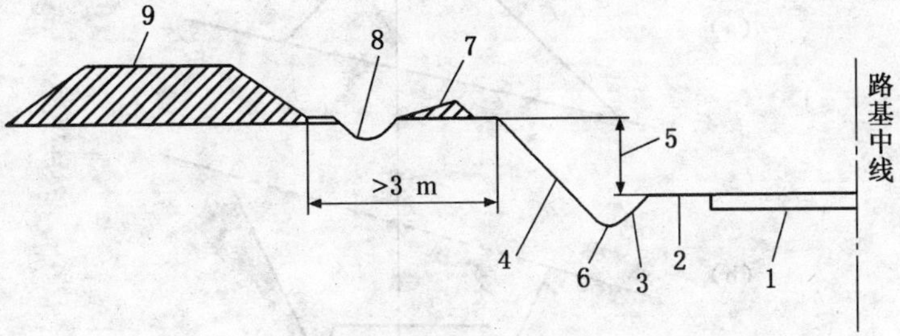

图 2-1　路基横断面示意图

1 路面；2 路肩；3 内侧边坡；4 外侧边坡；5 边坡高度；6 边沟；7 土埂；8 截水沟；9 弃土堆。

由于地形的变化，一般分为路堤和路堑两种。高于天然地面的填方路基称为路堤（图 2-2（a））；低于天然地面的挖方路基称为路堑（图 2-2（b））；介于二者之间的称为半填半挖路基（图 2-2（c））。在新农村建设中，街坊路是主干道通向村内街道的延伸，是新农村建设中的重要组成部分，村内街坊路一般可按村内主要街道、次要街道、通向住户的甬道三个等级划分，但其路基应以现有道路改造为主，充分利用现有旧路资源，避免大改大调或大填大挖，因地制宜，因村制宜，就地取材，节约经费。

2. 路面

路面是直接承受汽车碾压得行车地带，它是用各种坚硬材料铺筑于路基顶面的单层或多层结构层（图 2-3）。

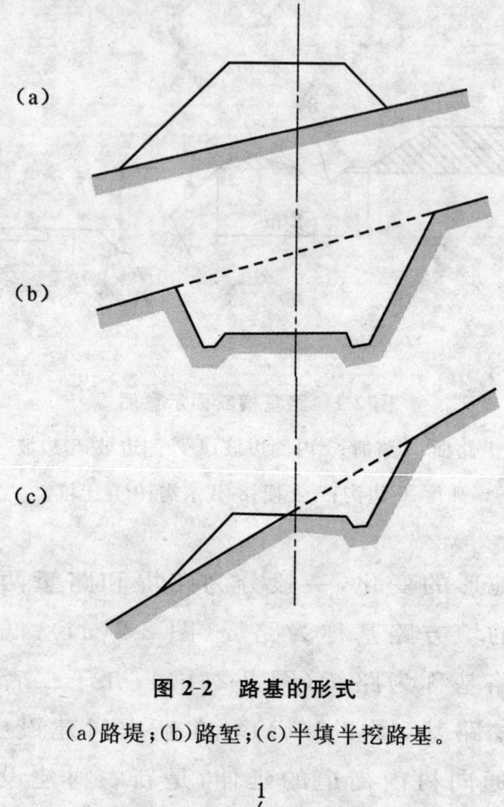

图 2-2　路基的形式

(a)路堤；(b)路堑；(c)半填半挖路基。

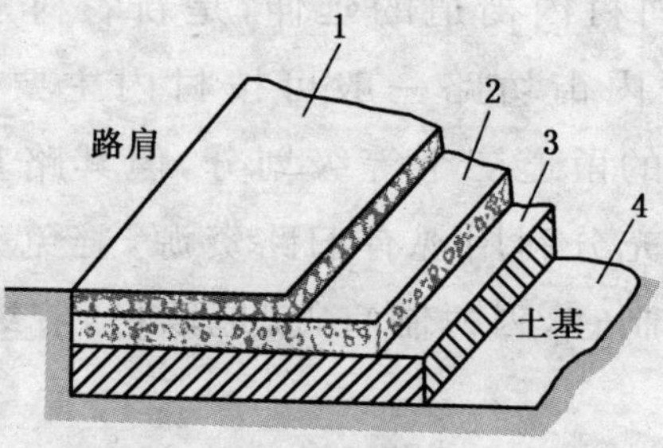

图 2-3　路面结构示意图

1 面层；2 基层；3 垫层；4 土基。

其作用是加固行车部分，保证具有一定的强度、平整度和粗糙度，保证汽车安全舒适地行使。常见的路面有沥青类路面、水泥混凝土路面、碎石类路面，在这次新农村建设中，各地还可以结合当地的实际情况和环保要求，铺筑片石路面、卵石路面，也可以利用当地的常见材料铺筑毛竹路面。

3. 排水系统

为了保证路基的稳定，必须修建适宜的排水系统。地面水可以用边沟、截水沟、排水沟、急流槽和跌水排出。当地下水影响严重时，可以采用盲沟排出(图 2-4)，当公路跨越较大水流时，需要建造桥梁；而跨越较小河流时，可修建涵洞。对于低级公路，可以允许宽阔较浅的季节性水流从路面上流过，这种构筑物称为过水路面。在山区有时可以使水流以渗透的方式通过块(碎)石堆砌的路堤，这种构筑物称为渗水路堤(图 2-5)。

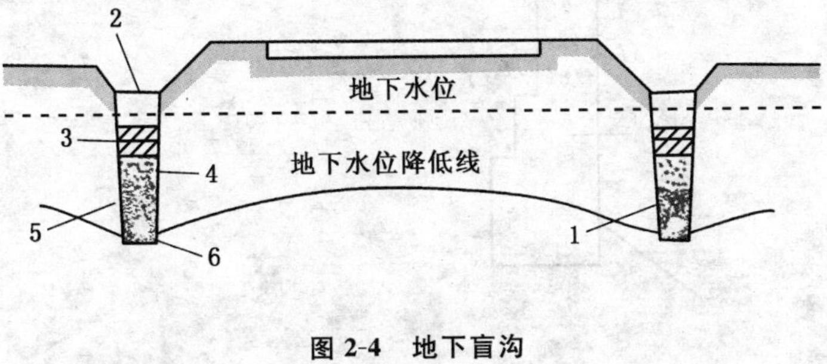

图 2-4　地下盲沟

1 盲沟；2 夯实黏土；3 双层草皮；4 砂；5 砾石；6 泄水管。

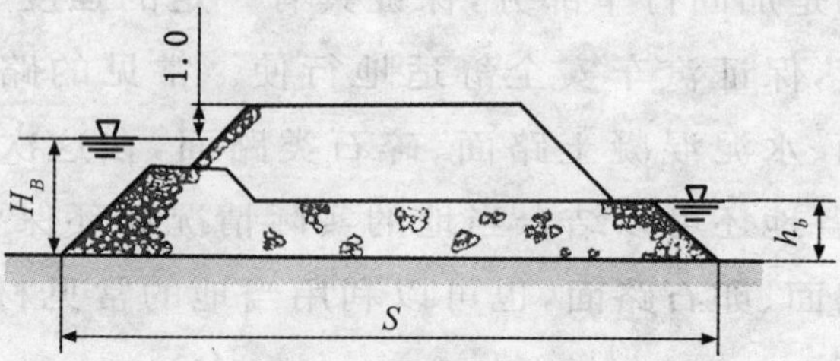

图 2-5　渗水路堤

4. 防护工程

在修建山区公路时，常常需要修筑各种防护工程及特殊建筑物，来保证路面宽敞，安全舒适。在陡峭的山坡上，为了保证路基的稳定，往往需修筑挡土墙(图 2-6)。在

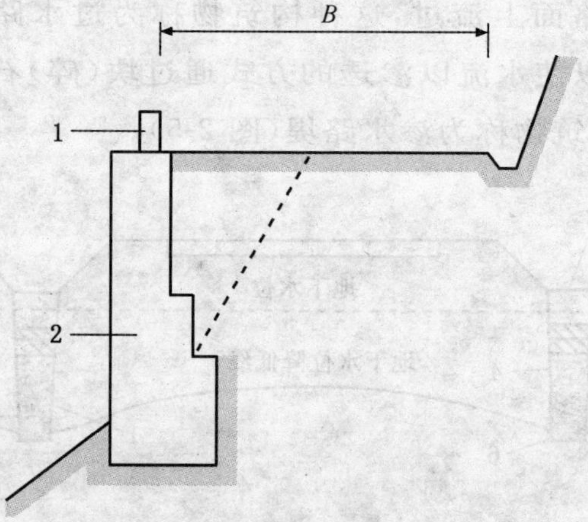

图 2-6　挡土墙

1 护栏；2 挡土墙。

碎石坍落严重路段，为防止泥石、冰雪等碎落物堆积在公路上而阻塞交通，可以修筑明洞（图 2-7）。

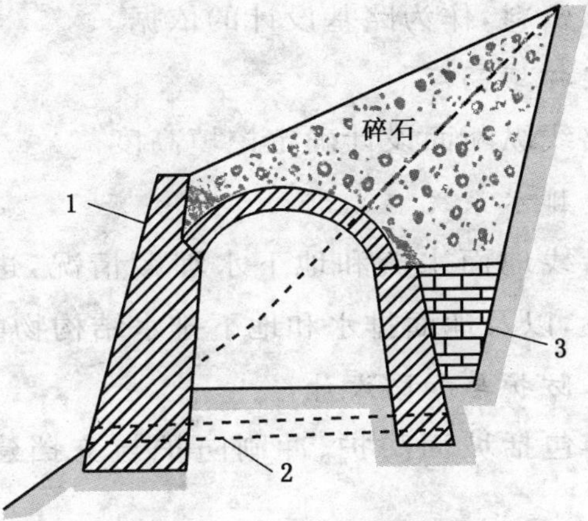

图 2-7 明洞

1 泄水管；2 排水管；3 干砌石。

5. 附属工程

为使驾驶员了解路段的技术状况和特点，故应设有交通标志，如指示标志、警告标志和禁令标志三种。为指示通行方向，还需设指路标志，如里程碑、名胜古迹、居民点等的名称牌。街坊路主要大街还需设置照明设备和适当的绿化美化。

（二）路基设计的基本要求

路基设计，其任务是根据公路的性质、等级和技术标准，结合当地的自然条件，拟定正确的路基设计方案，作为施工的依据。其具体内容包括以下几个方面。

1.收集设计资料

对公路所经过地区的自然情况的勘测和调查,收集必要的设计资料,作为路基设计的依据。

2.确定挖填高度

根据路线纵断面设计确定挖填高度。

3.设计排水系统

根据沿线地面水流和地下水埋藏情况,进行沿线排水系统布置,以及地面排水和地下排水结构物的设计。

4.路基防护与加固设计

其内容包括坡面防护、冲刷防护与支挡建筑物的布设与设计。

5.路基工程其他设施的设计

包括土从哪取,余土哪弃,碎落台布设等。

二、街坊路建设标准与实施步骤

(一)村镇道路规划指标

规划技术指标	村镇道路级别			
	一	二	三	四
计算行车速度/(km/h)	40	30	20	—
道路红线宽度/m	24～32	16～24	10～14	—
车行道宽度/m	14～20	10～14	6～7	3.5
每侧人行道宽度/m	4～6	3～5	0～2	0
道路间距/m	≥500	250～500	120～300	60～150

(二)街坊路建设标准

“新农村建设”中街坊路硬化工程建议技术标准为:

村内街坊路一般可分为三个等级——村内主要街道、次要街道和通往民宅住户门口的甬道。

1. 主要街道

为村民的生产、生活提供集散和提供机动车通行的主要大街，也是连接村外公路的主要通道，是村民联系的主要纽带。

路面宽度：平原 6 m（山区 4 m）以上；路面两侧设置路缘石，考虑边沟或地下排水管排水，有条件的地区可设人行步道。

路面结构建议为：

①沥青混凝土面层：18 cm 二灰砂粒基层；4 cm 沥青混凝土面层。

②水泥混凝土面层：用砂石做垫层（压实），20 cm C30 水泥混凝土面层。

2. 次要街道

村内与主要大街的连接道路，是村民从家门附近到主要大街的联络线，主要供农用小型机动车使用通行。

路面宽度：平原 4 m（山区 3 m）以上。

路面结构：因地制宜进行路面硬化，平原区采用沥青或水泥路面；山区可采用水泥或片石等路面。

①沥青混凝土面层：15 cm 二灰砂粒基层，3 cm 沥青混凝土面层。

②水泥混凝土面层：用砂石做垫层（压实），15～18 cm C30 水泥混凝土面层。

③片石或砌块路面：20 cm 石灰土基层，片石或砌块厚度不小于 10 cm。

3. 门前甬道

村民大门口与次要街道的连接线，供二轮摩托车、非机动车通行。

路面宽度：2 m 以上。

路面结构：

①水泥混凝土面层：用砂石做垫层（压实），15 cm C30 水泥混凝土面层。

②片石路面或砌块路面：15 cm 石灰土基层，片石或砌块厚度不小于 10 cm。

4. 注意事项

以上路面结构型式、厚度和宽度，是在一般情况下的技术指标，在实地设计中，要考虑交通情况（交通量、载重量等）；当地实际地形、地质、材料来源等情况；村内排水，环境美化等因素；灵活使用技术规范、标准和建设材料，建设经济实用、方便群众生产生活的村内道路，同时更应注意环境保护对道路的要求。

（三）街坊路建设步骤

各地应由地（市、县）相应的新农村建设管理部门统筹安排与组织实施所有的建设项目——设计、施工、工程竣工验收等，对实施过程中各项工程间的相互配合进行统一协调。

1. 设计

新农村建设中道路部分的设计，可根据自身实际情况，参考上述建议的技术标准进行。特殊的、工程量大的重要道路（如村内主要街道），可请设计单位进行设计，特别是应当将各种地下管线的埋设预留好位置，设计好排水沟的位置。主要街道有条件的，要考虑人行步道和环境绿化，路旁应安装路灯，但按照节能环保要求看，电的来源最好是太阳能、风能和沼气等清洁能源，为将来维护使用创造更加有利的条件。

2. 施工

对工程量大的主要街道，建议选择有资质的施工单位施工，确保道路施工质量；对工程量小的，如次要街道和门前甬道，可考虑自行组织施工，但要严把质量关。统一安排各项相关工程的实施程序，避免冲突和浪费。

3. 工程管理与竣工验收

由市政管理部门规范管理，严格程序，对街坊路实施方案建立严格审查评审制度；各村开工前应上报主管部门，在《开工报告》审批后实施；主管部门可委托专业监理公司对工程材料、施工工艺等严格控制，严格把关，确保施工质量，同时加大社会监督力度，发动群众进行监督，让老百姓人人掌握标准，公示监督电话，使之真正成为百姓放心工程。

4. 工程维护管理

街坊路建成后的养护及两侧的绿化、美化工作，需加大力度。建立环境卫生建设的长效机制，彻底解决污水横流、杂物乱堆、垃圾乱放、私搭乱建等问题，建设一个村整洁一个村，坚决杜绝反弹现象。

可以借鉴城镇卫生管理的机制，结合村容清洁标准，实行门前三包；也可以专人管理，专人负责。

第三篇　村庄生活基础设施规划与建设

农村生活基础设施规划是新农村建设的基础，把基础设施和公共设施建设作为新农村建设的突破口，统筹村庄基础设施规划和建设。农村生活基础设施规划，主要体现在农村安全用水、新型能源利用和农村农电建设等方面，应突出解决当前存在的现实问题，并着眼长远，以推进村庄面貌的改变。

一、村庄安全用水规划与建设

水可以说是最为宝贵的一种资源，人不能一天没有水，尤其是淡水。中国人均淡水资源不足世界人均水平的三分之一，在世界上名列第121位，是全球人均水资源最为贫乏的国家之一。我国水资源的地区分布极不均衡，在西部的甘肃陇中、陇东，陕北，宁夏的西北部地区成为中国缺水最为严重的地区，那里年平均降雨量仅300～400 mm，而蒸发量却高达1 500～2 000 mm。与此同时，作为社会弱势群体的农民，在用水方面处于更加不利的地位。所以说，村庄用水规划的核心问题是安全用水。

安全用水的基本标准:第一,有足够水量,能够满足老百姓使用;第二,有足够分配能力,能够把水配送到各家各户;第三,要保证水的质量,即清洁卫生;第四,能够解决水用后的排放和污染防治问题

(一)人畜饮水安全规划与建设

获得安全饮水是人类的最基本需求。21世纪初叶为广大农村群众和牲畜提供安全、方便的饮水,保障农村生活用水,是社会发展的必然要求,是促进农村现代化建设的重要内容,是社会主义新农村建设的基本战略。有利于促进农村社会经济发展和农村社会秩序的稳定。

1.饮水水质的基本要求

水的感官和物理性状良好,不含病虫、微生物和寄生虫卵,含有人体需要的矿物质,不含有害的化学物质。

首先,清洁的水是无色的。水层较深时常呈浅蓝色,水中含有较多的钙镁离子时呈现深蓝色,这些都属于正常水色,如果天然水中混有较多的其他杂质,水质就变得五花八门。例如,当铁离子和锰离子较多而污染水时,呈黄褐色;当受腐殖质污染时的水呈现棕黄色;藻类会将水染成黄绿色;硫化氢进入水体后,由于氧化作用析出微细的胶体硫,从而使水变成翠绿色等等。由此,我们可以判别杂质的存在和水体受污染的程度,从而作出有效的处理和净化。

其次,清洁的水是无味的。只有当水中溶有较多致味物质时,水才会产生各种味道。比如,含较多氯化物水

有咸味；含有较多硫酸盐诸如石膏、芒硝等的水可产生苦味；每升水中铜离子量超过 1.0 mg 也会产生苦味；受到粪便或其他腐烂性有机物污染时，水会产生臭味；在水流缓慢的坑塘中，一些藻类过度繁殖也会给水带来臭味；如钟罩藻可使水带有腥臭味，合尾藻常会使水带有烂黄瓜味。

再次，清洁的水是无毒的。由于工业废水大量排放和农药的使用，使得一些地表水和地下水受到污染而产生毒性。如砷、汞、铅、镍、氰化物、有机磷化物、酚、氨、硝酸盐及亚硝酸盐、石棉等都是有毒物质。有些甚至是剧毒物，如氰化物，0.2～0.28 g 氰化钾就使人致死；有些是人不大会注意的，如汞、砷等重金属，但通过食物链在人体积累后形成有毒危害；还有因缺碘引起的甲状腺肿以及因长期摄入过量氟而引起的全身性疾病，表现为氟斑牙和氟骨症。据统计该病分布甚广，除上海外，其他各省、市、自治区几乎均有，而且 90％属于饮水型患者。

最后，清洁的水无致病菌。在污染水体中常含有致病微生物、病毒等，而各种病毒性微生物在水中都可存活一定时间，入痢疾杆菌可在地表水中存活数天至数周，伤寒杆菌可在地表水中存活 1～3 周，脊髓灰质炎病毒可在水中存活数月或更长。如果长期饮用这些有害水质，就会引起很多传染性疾病的蔓延，其危害难以估量。

2. 水质超标对人体健康的危害

常规水质化验指标 24 项，其中毒理学指标 9 项，理化指标 13 项，细菌学指标 2 项，常见水质超标对人体健康的影响见表 3-1。

表 3-1　常见水质超标对人体健康的影响　　mg/L

水质指标	标准值	对人体健康的影响
氟	1	氟斑牙，过高则易得氟古症
砷	0.05	引起皮肤问题或循环系统问题，长期低量摄入，引起癌变
总硬度	450	人体对水硬度有一定的适应性，高硬度水会引起肠胃功能紊乱
锰	0.1	主要为慢性中毒，损害中枢神经系统，生殖系统和免疫系统
硝酸盐	20	标准内得硝酸盐浓度，对人体没有什么毒害，它易被吸收排泄，但超量时，会在婴儿体内引起变性血色蛋白症
亚硝酸盐	0.05	在人体内容易形成亚硝胺，是致癌物质。可以直接与血色素起反应，生成变性血色素，使血液输氧功能减退或丧失
汞(水银)	0.001	引起人的肾部损害

3. 水压稳定、取水方便

供水工程尽量采用变频调速水泵，实现恒压供水，供水压力根据当地建筑层高、地形和管路损失等因素综合确定，要求管路露损率不超过 8%，水龙头的水压力不低于 0.6 kg，同时实现连续供水。

4. 居民生活饮用水量

(1)居民生活饮用水量。居民生活饮用水量主要包括居民生活用水量、饲养畜禽用水量、消防用水量、浇洒道路绿地用水量、管网漏失和未预见水量等。最高日居民生活用水定额见表 3-2，饲养畜禽用水定额见表 3-3。

表 3-2　最高日居民生活用水定额　　L/(人·d)

主要用(供)水条件	一区	二区	三区	四区	五区
集中供水点取水、水龙头入户，但无洗涤池和其他卫生设施	30～40	30～45	30～50	40～55	40～70
水龙头入户、有洗涤池但其他卫生设施较少	40～60	45～65	50～70	50～75	60～100
全日供水、户内有洗涤池和部分其他卫生设施	60～80	65～85	70～90	75～95	90～140
全日供水，室内有给水、排水设施且卫生设施较齐全	80～120	85～125	90～130	95～140	120～200

注：最高日居民生活用水定额值的大小，直接影响居民生活用水量，因此应慎重选择确定。应按照如下要求选择确定：

①按照规定的分区划分，确定项目所在省份属于哪个区。

②按照设计供水范围内的用水条件，对照表中 4 种用(供)水条件，确定居民生活用水定额的范围值。

③在定额范围内，一般情况可取中值（系均值)；村庄取低值，镇区取高值；经济条件差的村镇取低值；发展潜力小的村镇取低值；定时供水的村镇取低值；净水工艺复杂、制水成本高的村镇取低值；村内有其他分散水源(如筒井、手压机井、大口井等)时取低值。反之取高值。

④设计调查的结果，与表中定额有出入时，可根据实际情况适当增减。

表 3-2 中，所列水量包括了居民散养畜禽用水量、散用汽车和拖拉机用水量、家庭小作坊生产用水量。其中，一区包括新疆、西藏、青海、甘肃、宁夏、内蒙古西北部，陕西和山西两省黄土沟壑区，四川西部。二区包括黑龙江、吉林、辽宁、内蒙古东部及河套地区，河北北部。三区包括北京、天津、山东、河南、河北、山西、陕西的大部分地区，安徽、江苏两省的北部。四区包括重庆、贵州、云南、

四川大部分地区，广西西北部，湖北、湖南两省的西部山区。五区包括上海、浙江、福建、江西、广东、海南、台湾、安徽、江苏、广西、湖北、湖南的大部分地区。

取值时，应对各村镇居民的用水现状、用水条件、供水方式、经济条件、用水习惯、发展潜力等情况进行调查分析，并综合考虑以下情况：村庄一般比镇区低；定时供水比全日供水低；发展潜力小取较低值；制水成本高取较低值；村内有其他清洁水源便于使用时较低值。调查分析与本表有出入时，应根据当地实际情况适当增减。

表 3-2 中的卫生设施主要指洗涤池、洗衣机、淋浴器和水冲厕所等。

(2)饲养畜禽用水量。农民散养畜禽的用水已包括在居民生活用水量中，一般可不另计算。集体或专业户饲养畜禽用水量，应根据饲养牲畜的种类、饲养方式、数量、用水现状、水源条件和近期(5 年)发展规划，综合分析后确定。圈养时，可按照表 3-3 饲养畜禽用水定额中的定额值选取。放养畜禽可按 30%～50%的比例折减。饲养场有独立水源时，可不考虑此项。

表 3-3　饲养畜禽用水定额

L/(只·d)或 L/(头·d)

畜禽类别	用水定额	畜禽类别	用水定额	畜禽类别	用水定额
马	40～50	育成牛	50～60	育肥猪	20～40
骡	40～50	奶牛	70～120	羊	5～10
驴	40～50	母牛	60～90	鸡、兔	0.5～1.0

(二)供水安全技术

1. 地表水开采方法

当水在地表流动时,可能携带了对人类有害的污染物,这些污染物最终进入地表水源内,当以地表水为饮用水源时,重点是对水源的保护和水体的净化处理。这里重点讲述三种类型的地表水源:泉水,池塘和湖泊,小溪和河流。

(1)泉水。泉水在到达地面前,一般很少受污染,为了避免泉水受到污染,应在其涌出地表处加以保护。

①泉水箱法:图 3-1 是侧面开口泉水箱。首先,在泉水周围挖出一小块区域并用卵石衬砌;然后在泉水的上方安放一个带盖板的混凝土箱,以收集和储存泉水。混凝土箱的盖板可以防止外部污染,其重量要足够大,防止人们移开盖子在水箱中直接取水。另外,需安装一个水龙头和溢流管,防止水向含水层回流。

②水平井法:图 3-2 是两种类型水平井的示意,一般将取水滤水管水平钻入含水层内。也可将滤水管稍微倾斜地铺在比自然排水点稍高的位置,并安装水龙头。

③深水池法:基本的渗水收集系统如图 3-3 所示,铺设管道收集地下水,将其输送到收集箱内。

(2)池塘和湖泊。如若池塘和湖泊上游流域的污染控制和管理措施得当,可作为良好的水源。再经合理的规划,池塘和湖泊还可以常年提供足够的水量,而且与地下水相比,其取水方式也较为方便。

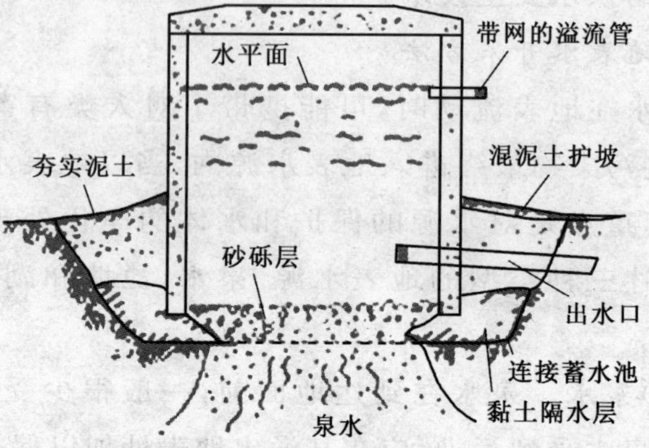

图 3-1 泉水箱法

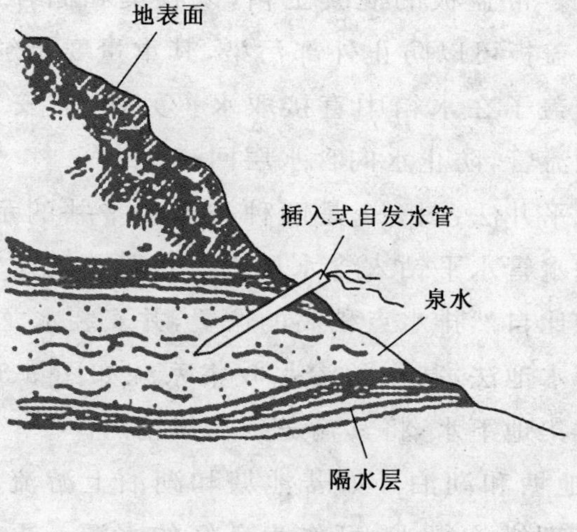

图 3-2 水平井法

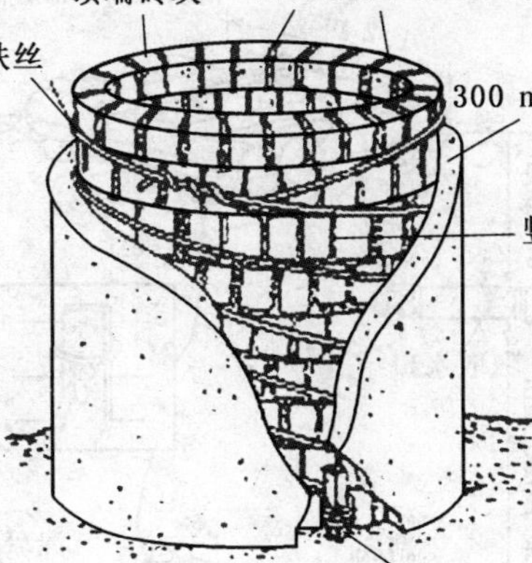

图 3-3　深水池法

①浮动式取水口：图 3-4 是塑料管浮动式取水口，取水口连在一个浮体上并锚固起来，使其停留在离水面 0.3～0.5 m 之间。取水口应放置在一定深度水体内，以防止浮在水面的任何杂质进入取水口；如果池塘或湖泊的水无需处理，可直接将取水口取到的水输入配水系统；如需处理则取水处理后再进入配水系统。

②固定式取水口：如图 3-5 所示，将镀锌钢管连接到带滤网的混凝土箱中，直接取池塘或湖泊底部的清水。

(3)小溪和河流。小溪和河流是由降雨或寒冷地区冰雪熔化产生的地表径流形成的。它的水量和水质变化较大，旱季干涸，河水断流，雨季成洪，河水暴涨。另外，

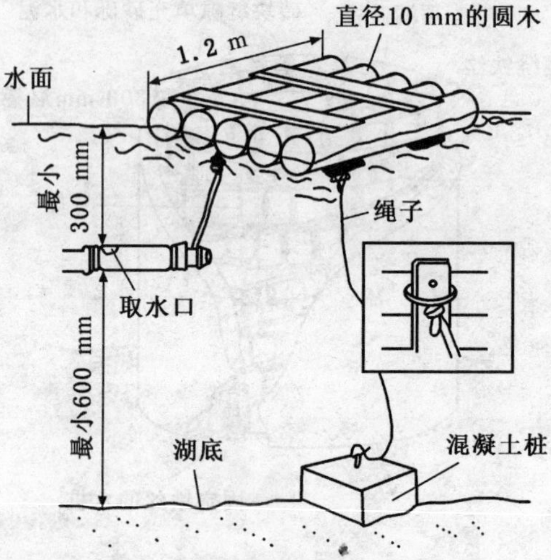

图 3-4　塑料管浮动式取水口

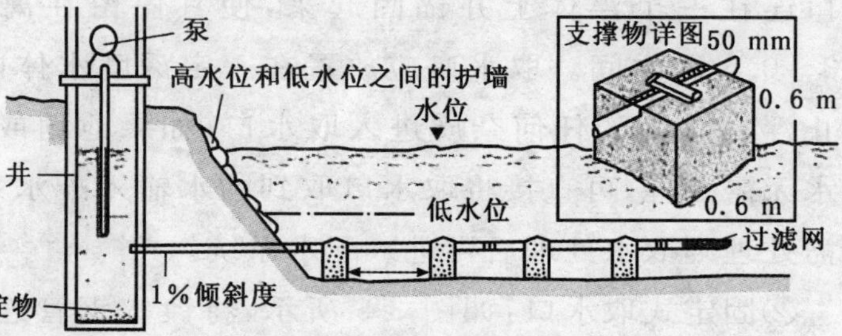

图 3-5　固定式取水口

河流也会遭受来自垃圾、洗涤、洗浴及动物等的污染，经水质处理后可用。

①渗滤井：如图 3-6 和图 3-7 所示，在小溪和河岸边挖井或钻井是费用最低和最简单的水源开发方法。

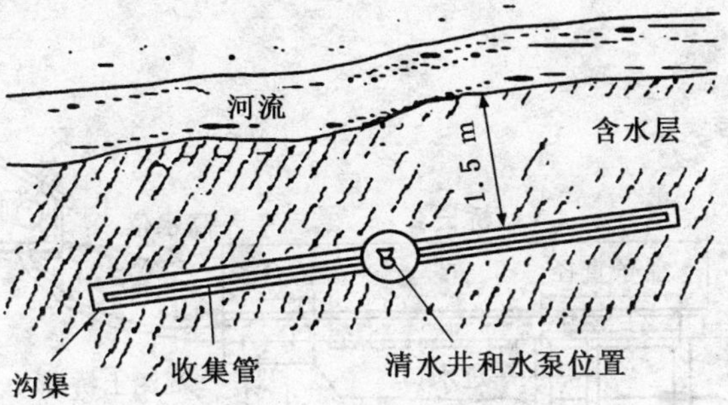

图 3-6　渗滤井平面图

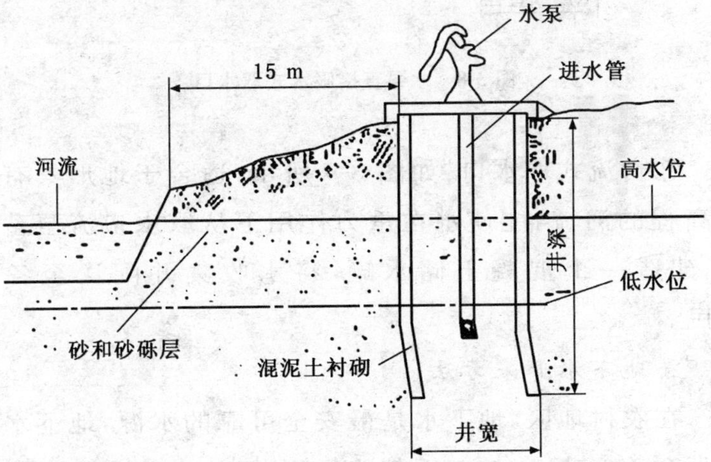

图 3-7　渗滤井剖面图

②水泵直接吸水式取水口：如图 3-8 所示，此种方法首先在河床上建一混凝土井管。然后将取水管连接到混凝土井管中，井管与河岸之间的管道用轻便栈桥支撑。

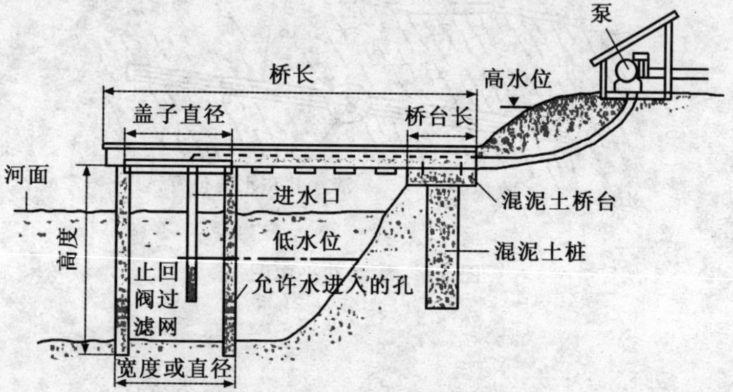

图 3-8　水泵直接吸水式取水口

③自流式取水口：如图 3-9 所示，适合于地形具有足够高程的河流，能使水在重力作用下从取水口流至蓄水池，建造一个混凝土储水罐，将水收集并配送至各户居民。

2. 地下水开采方法

在农村地区，地下水是最安全可靠的水源，地下水通常不含致病菌，一年四季都能得到，且绝大部分地区都能开采到地下水。

大多数农村地区都已掌握各种各样的打井方法，所

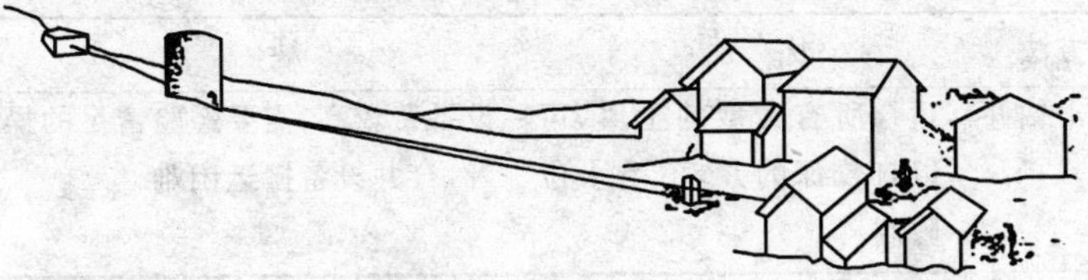

图 3-9　自流式取水口

以具体的打井技术已经不成问题，关键性问题是选择哪种打井方法，着重考虑哪些问题，如何优先考虑：①改进现有的水源，比如加深手挖井；②重复利用现有的方法，比如再打同样的几口井；③选择新的方法。在此最常见打井技术的优缺点，以供群众开采地下水选择，详见表 3-4。

表 3-4　农村常见打井方法

方法	优　点	缺　点
手挖井	工具简单，材料富足，施工技术普通，提水便利	工作艰辛，由深度限制，受水位变化大，不适合硬岩石层
打击钻井	容易施工，不受水位波动影响	需要特殊专用的花管，深度有限制。不适合在坚硬岩层、重黏土、大石头或粗砾石层
水利钻井	井深较大，增加了地下水的开采能力，不受水位波动影响	费用较高，打井设备、技术特殊，不适于坚硬岩石区
螺旋钻井	当工具适合，经验丰富时，施工容易，不受水位影响	需要专业工具和经验技术，不适合坚硬岩石或比螺旋钻大的石头

续表 3-4

方法	优　点	缺　点
冲击钻井	适合所有类型的土壤，可以打较深的井，不受水位限制	设备费较高，需要经验富足的操作者，打井设备搬运困难

常见打井方法如下列图所示：图 3-10 手挖井；图 3-11 打击钻井；图 3-12 水力钻井；图 3-13 螺旋钻井；图 3-14 冲击钻井。

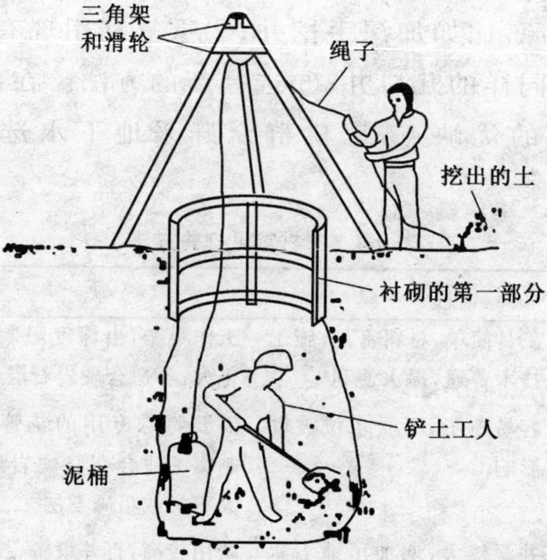

图 3-10　手挖井

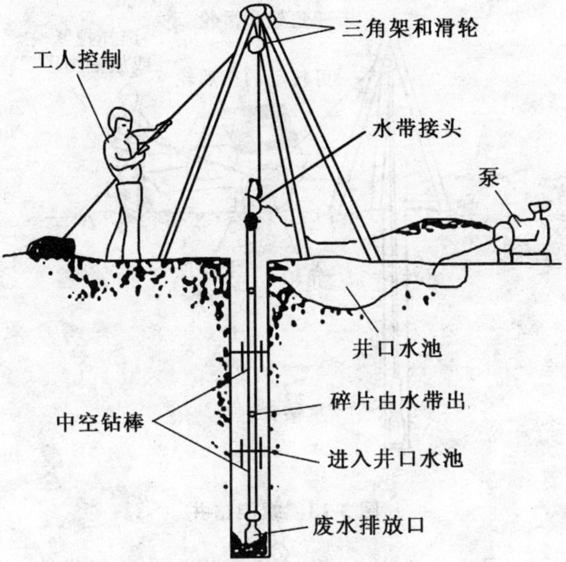

图 3-11　打击钻井

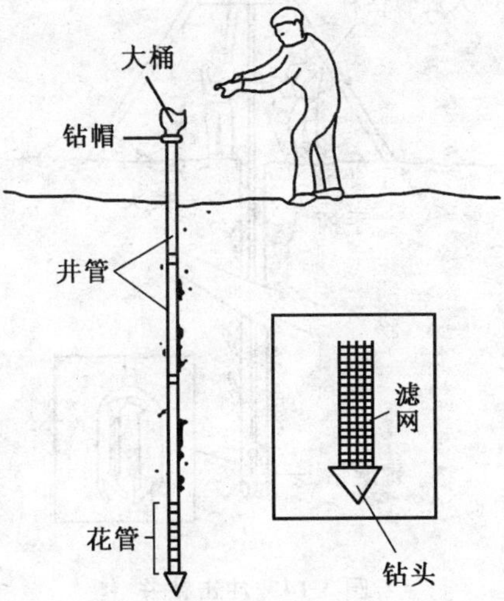

图 3-12　水力钻井

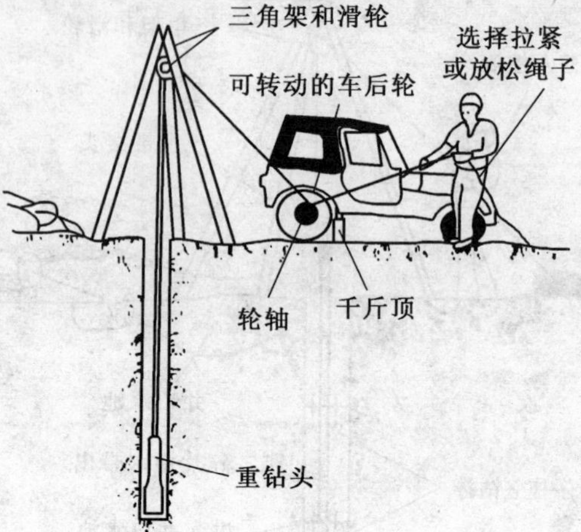

图 3-13　螺旋钻井

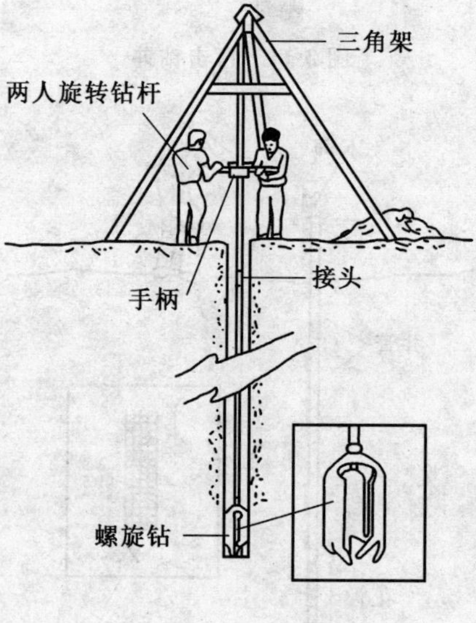

图 3-14　冲击钻井

3. 雨水的集蓄利用

在地下水和地表水缺乏的农村地区，可以收集雨水作用生活饮用水，用瓷瓦、金属及塑料屋顶配以管道和雨水管收集雨水，经过滤处理后输送到蓄水池内储存备用。家庭常用屋顶集雨系统和屋顶院落集雨系统，见图 3-15 和图 3-16 屋顶集雨系统。

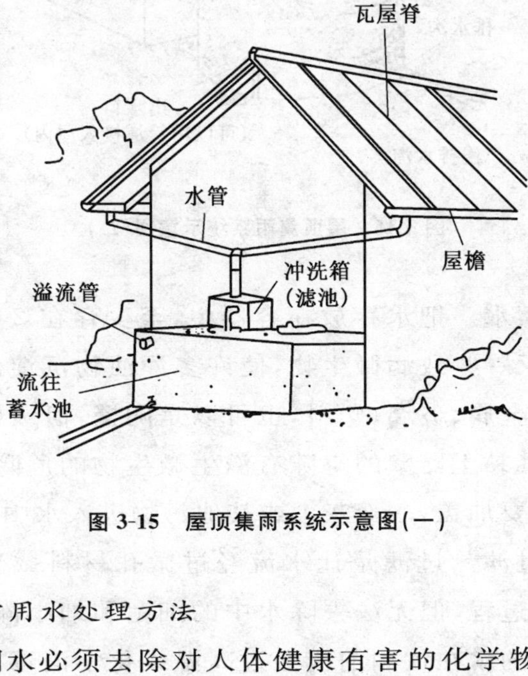

图 3-15　屋顶集雨系统示意图(一)

4. 常用水处理方法

饮用水必须去除对人体健康有害的化学物质，不应有悬浮颗粒、异味、颜色和气味，也不应有腐蚀供水系统的物质存在。水处理的过程就是将水中的污染物去除，以供饮用的过程。农村家庭水处理方法一般有：

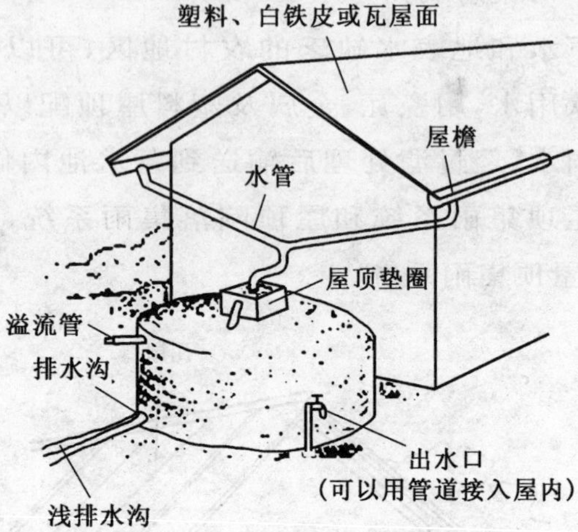

图 3-16　屋顶集雨系统示意图(二)

(1)蓄水。把水存放在容器中,至少存在 2 d 后再使用,可杀灭一些致病微生物,使许多浑浊物沉淀。蓄水容器可以是金属、玻璃、塑料,也可以是陶瓷,但最好不用陶瓷,因为其黏土器壁的空隙有滋生微生物的危险,另蓄水容器一定要加盖,一面灰尘或其他污物进入水中。

(2)过滤。过滤是让水流经过微孔材料截流其中悬浮颗粒的过程,但无法去除水中的细菌和细小浑浊物,所以过滤后的水在饮用前应经过高温或化学消毒。常用陶瓷过滤器和砂滤池,也有很多新型饮用水净化器,可将自来水净化为纯净水。

(3)高温消毒。高温消毒是对少量水进行消毒的最有效方法，通过煮沸 2～3 min，可杀灭水中的病源微生物，做饭用的大锅或大的圆形钢桶可以解决 20 人左右的饮用水。水烧开后应先冷却并储藏在烧水的容器中，为了防止水再次污染，开水应避免人为搅拌。高温消毒在我国农村应用较为普遍，因此在近 30 年，农村基本上杜绝了饮水造成的疾病。

(4)化学消毒。常用碘、溴和氯等化学试剂进行消毒，可去除大多数致病微生物，但不能杀灭所有的病原体，也不能去除谷底颗粒中的微生物。因此仅适用于澄清的水源水，浑浊水必须事先经沉淀或过滤处理。

对少量微污染水可以进行简单的加氯消毒处理，在大多数农村地区，加氯处理一般用次氯酸钠和次氯酸钙。次氯酸钠是液体漂白剂的主要成分，常见的是家用型，通常在当地商场中就能买到，这种漂白剂约含 5%的有效氯，当打开包装后要尽快使用，因为在 2～3 个月内，次氯酸钠会逐渐降低本身氯的含量。次氯酸钙是一种含有效氯的粉末或片剂，其有效氯的含量范围在 30%～75%之间，最常见的含量为 70%。当把次氯酸钙暴露在空气中时，和次氯酸钠一样其有效性会慢慢降低。

5. 输水与蓄水安全

水源确定后，就要确定输水方法，通常称为配水系统或输水系统。在确定配水方法时，必须考虑以下因素：饮用、烹饪、洗涤、牲畜、庭院、商业、娱乐用水以及系统的操作和维护。

配水系统越靠近用户，受污染的可能性就小，用水越方便，故供水点应尽可能靠近用户。配水系统的类型依赖于用户的集中程度、水的可用性、资源资源状况（施工材料、人力和资金等）、用户操作和维护系统的能力。不管是采用公共供水还是将水供应到每个用户，如果在运行过程中缺乏维护或缺乏维护资金，都将造成投资浪费。配水系统配套和建造应尽量简单，并且要注意降低运行成本。

本书介绍三级服务配水系统工程。一般情况下，服务级别越高，操作和维护费用越高。当然，系统的级别越高，其统筹兼顾可能性也越大，供水的可靠性也越高。配水系统等级划分如下：

（1）一级配水服务系统工程。用水源或接近水源处的配水点配水。当经济条件较差，不能采用管道配水，或当地居民的操作和维护能力不够，或水源水量不足时，采用此类配水服务项目。如果水源的出水量较低，就要在水源附近建蓄水蓄水池或蓄水井。一级服务系统每天至少为每人提供 15 L 水，如图 3-17(a)所示；用手动泵将水抽到远离水源的配水点，如图 3-17(b)所示；直接从手动泵处取水，如图 3-17(c)所示；用输水管道将泉水引入附近的配水点，如图 3-17(d)所示。

（2）二级配水服务系统。用靠近居民区的配水点配水。如果水源靠近人口居住中心，二级配水服务系统等同于一级配水服务系统，见图 3-18(a)。图 3-18(b)是在

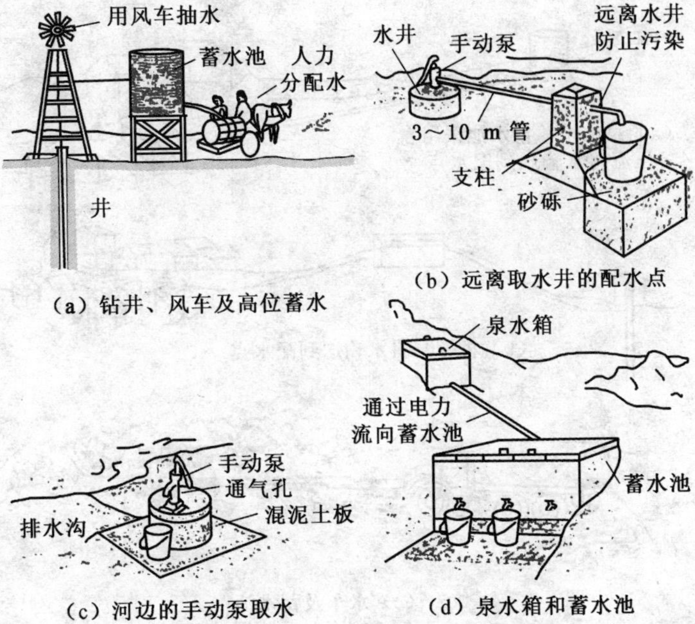

图 3-17　一级配水系统工程图

农村小区中，有一个蓄水池并有几个配水点的系统。

如果水源距离用户很远，可以用卡车或拖车来运水，或者安装输水管线，将水输送到配水点，如图 3-18(c)所示。二级配水系统至少每天为每个人提供 40 L 水。

(3)三级配水服务系统。三级配水服务系统包括水源、水泵、输水管、蓄水池和配水系统。与二级配水服务系统类似，其不同之处在于它将水输送至每个用户服务而不是公共配水点。图 3-19(a)和图 3-19(b)是水靠近用

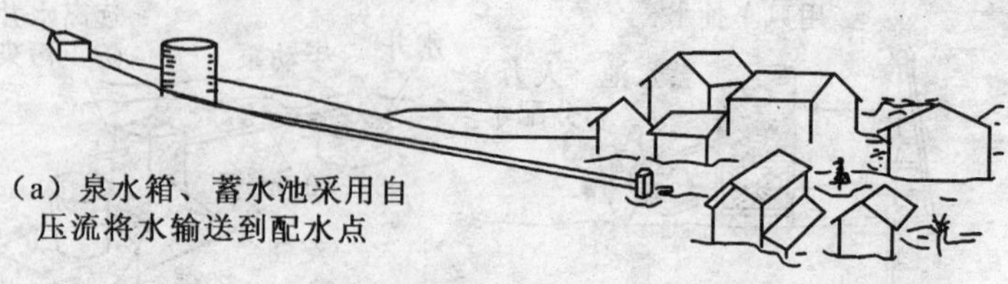

(a) 泉水箱、蓄水池采用自压流将水输送到配水点

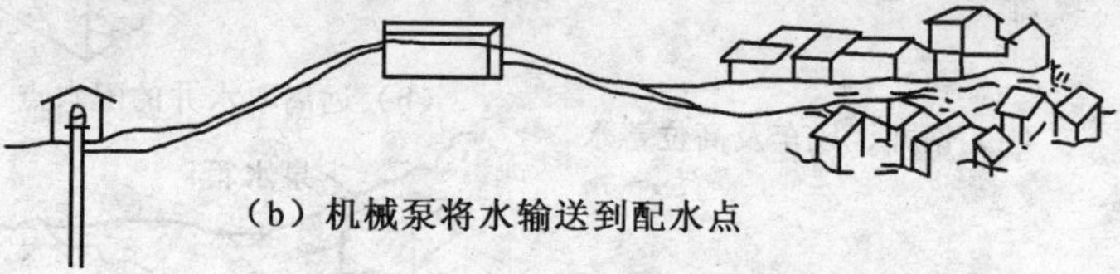

(b) 机械泵将水输送到配水点

(c) 水车及蓄水池

图 3-18　二级配水系统工程图

户的三级配水服务系统。图 3-19(c)和图 3-19(d)是用自压或水泵将水配给每个用户。

(三)日常节水规划

1. 节水型水龙头及节水

新农村居民生活用水应实现水表计量用水,并采用节水器具,节水型水龙头的安装率要达到本地区的要求,如北京安装率达到 100%,水压不低于 0.06 MPa,管径不小于 15 mm,最大流量不大于 0.15 L/s。

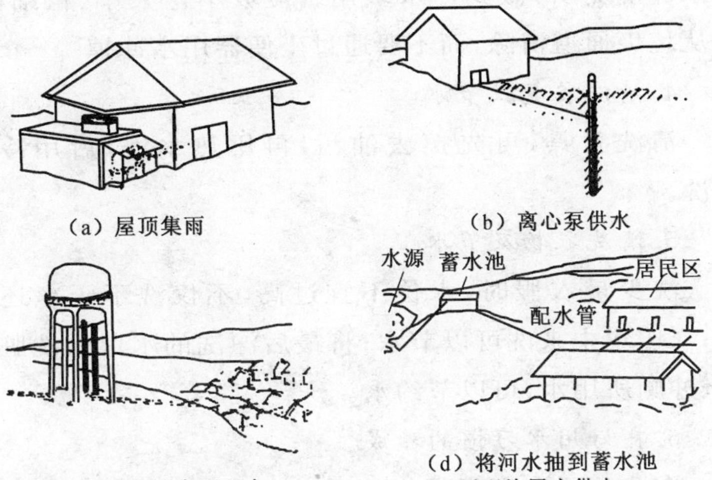

（a）屋顶集雨　（b）离心泵供水

（c）高位蓄水池自压配水　（d）将河水抽到蓄水池再配给用户供水

图 3-19　三级配水系统工程图

2. 节水型淋浴设施及节水

淋浴器喷头水压不低于 0.06 MPa，管径不小于 15 mm，最大流量不大于 0.15 L/s。洗澡时掌握调节冷热水比例，不要将喷头始终开着。洗澡要抓紧时间，拳脚淋湿即关闭喷头，用肥皂或浴液搓洗，一次冲洗干净。洗澡时不要“顺便”洗衣物。

3. 节水型便器及节水

使用简易小便器及两档式便器，新建住宅便器次冲水量小于 6 L，节水型便器系统必须按 JC/T 856—2000 中的规定进行管道系统设计、施工安装。如果坐便器的水箱过大，可换装两档式水箱。用较干净的洗衣水和洗脸水冲洗厕所，做到一水多用。垃圾不论大小、粗细，都应从垃圾通道清除，而不要通过坐便器用水冲掉。

4. 清洗餐具及节水

清洗餐具，可先擦去油污，再用热水洗，后用冷水冲洗。

5. 清洗衣物及节水

洗少量衣服时，水位不宜过高，不仅洗不干净还浪费；衣服集中来洗可以节水；将最后漂洗的水留做洗脏衣服、冲厕所用水，可以节约水。

6. 良好用水习惯的养成

在公共用水和常规标语宣传方面，积极宣传节水理念，树立优水优用、节约用水、回水利用及循环处理利用的概念，并在市政环境绿化、公共景观等方面采用节水灌溉技术。

应养成良好的生活习惯，不喝生水，不擅自改装、迁移或者拆除供水设施，不乱接管子。严禁在用水户末端将取水管直接连接到配药罐（箱）等危险性的农业生产器具中。

7. 常见问题及处理

（1）水质发黄。水质发黄一是管道因长年使用或材质有问题造成锈蚀，这种现象在早晨尤为突出；二是使用二次供水设施未按规定对游泳池及水箱定期消毒，造成二次污染。发现水质变黄且放水一段时间不见好转的，应向水行政主管部门及时报告。

(2)水质发浑。水质发浑主要是供水管道因不可抗力造成的突发性爆管事故引起的。在抢修过程中因带入泥沙可能造成局部、短时出现浑水现象,遇此情况放净浑水后即可恢复正常。

(3)水质发白。水质发白是自来水中溶入了空气,经压力作用分解成微水气泡,看起来水为乳白色,等静置数分钟后,气泡会自行消失,水质变清,这种现象不会影响水质 。

(4)做好供水设备的防冻保暖。室外水管,龙头的防浆可用棉、麻丝物或稻草绳子进行包扎。寒冷季节,请在临睡前关闭室内水表阀门,打开水龙头,放尽水管中剩水。对已冰冻的龙头、水表、水管,宜先用热毛巾裹水龙头,然后浇温水,使龙头解冻,再拧开水龙头,用温水沿水龙头慢慢向管子浇洒,使水管解冻。若浇至水表处仍不见水流出,则说明水表也冻住了,此时再用热毛巾包在水表上,用不高于 30℃的温水浇洒,使水表解冻。切忌用火烘烤。

(5)应急突发事件的处理。在遇到群体疾病、水质变化、水污染等突发性事件以及任何有碍饮水安全的情况时,应及时按本指南附的卫生和水行政主管部门监督举报电话报告,并立即停止使用。

(6)水表的认读。在指针式水表的刻度盘上依次排列有四位黑色指针和四位红色指针。1 m^3 以下的水量以红色指针显示,按逆时针方向依次为万分之一、千分之

一、百分之一、十分之一。1 m^3 以上的水量以黑色指针显示，按逆时针方向依次为个位、十位、百位、千位。用户应先读出各指针方向数字，再按位数排列读取。

（四）用水管理机制

为了规范供水工程的运行与管理、提高管理人员的责任心、保障正常安全供水，使农民喝上放心水，必须建立供水管理机制。

管理机制的关键是明确管理主体，确定专人管理，真正负起责任。供水单位必须依法取得水务部门颁发的取水许可证、卫生部门颁发的卫生许可证，管水人员有健康证。

本村村民均享有参与农村供水工程规划、建设、运行维护管理的权利和义务，村民可通过用水协会或村民代表大会参与供水工程的规划、建设和运行维护管理。

做好农业用水安全管理，确保饮用水的安全：

①不得使用国家禁止的剧毒农药。禁止在水厂、水井、水库、河流等水源保护区使用农药。

②必须使用专用的配置农药的取水设备或在专用的农药配置点进行配药工作。

③配置农药的正确方法是：水管必须高于农药罐边缘。配置农药时必须有专人看守，不得离开。

④配置农药用的水管不得直接放入农药罐中，在配置农药的过程中如发现停水，必须立即停止配置农药，否则容易发生“倒 虹吸”现象，污染饮用水。

⑤发现异常情况应立即停止用水，并及时向卫生和水力行政部门或村委会报告。

二、新型能源利用

广大农村一般靠烧木柴、烧秸秆、烧干草、烧干牛粪……作为能源。一切能就地取来、能烧的，都被烧了。几千年下来，人类烧掉了许多稻草和秸秆，农田里减少了有机肥；烧掉了成片的森林，山头失去了绿色，反过来，土地愈来愈贫瘠，水土流失愈来愈严重。人们认识到，不能很好地解决广大农村的能源问题，改变农村落后面貌只能是大话空谈，要想使广大农民脱贫致富只能是一个梦想。

为此，在解决农村新能源方面开辟了许多途径，有的已在实践中得到了肯定，受到广大农民的欢迎。加快农村能源建设步伐，在适宜地区积极推广沼气、秸秆气化、小水电、太阳能、风力发电等清洁能源技术，是新农村基础设施规划建设的重点。

(一)沼气

在探索农村能源时，首先开发了沼气(图 3-20)。沼气在我国 20 世纪 60 年代时就在农村推广。沼气易燃，而且燃烧时无黑烟，沼气渣和肥水又是农作物的好肥料。

1. 沼气建设的意义

(1)经济效应。一口 8～10 m^3 的新型高效沼气池，全年产沼气 380～450 m^3，可解决 3～5 口人的农户 10～12 个月的生活燃料，节煤 1 500 kg，约节电 200°，全年可节约

图 3-20 沼气发生罐实景图

燃料费 600 元，节约电费 100 元。沼气除直接作炊事、照明生活用能外，还可用于农业生产。用沼气灯对温室蔬菜增施二氧化碳气肥，可使黄瓜增产 30%，芹菜增产 25%，西红柿增产 20%；利用沼气烘干粮食、农副产品以及沼气贮粮防虫、沼气保鲜水果等，具有设备简单，操作方便，不产生烟尘，费用省，效益好等优点。

一口 8 m^3 的沼气池，一年提供的沼肥，相当于 50 kg 硫酸铵、40 kg 过磷酸钙和 15 kg 的氯化钾。施用沼肥能使所有的粮食作物、经济作物和果树增产，其增产幅度一般在 5%～20%。用沼液浸种，可以提高种子发芽率和成苗率，提高苗期素质，增强幼苗抗病、抗逆能力，有较好的经济效益。沼液作为饲料添加剂喂猪，可提前 20～30 d 出栏，每头猪平均可节省成本 40 元左右。沼液养鱼，可增产 10%。沼渣栽培蘑菇，可增产增收 20%～30%。总之，将沼气发酵系统和农业主导产业相结合，经济效益将成倍增长。

(2)生态效应。发展农村沼气,可以解决燃料和肥料问题,减少农药化肥的污染。燃料的解决,有利于恢复森林生态平衡,为害虫天敌提供适生的环境;同时,有机物经沼气发酵后,寄生的病虫害多数被杀死,减少了病虫害来源,这就必然少施农药。森林的恢复,减少了水土流失,土壤肥力增强,加之,量多质优的沼肥还田,对增加土壤营养,减少化肥施用提供了物质基础。由此可见,农村发展沼气对直接和间接减少化肥、农药对环境的污染,具有综合效益。

沼肥中的腐殖酸含量为10%～20%,对土壤团粒结构的形成起着直接的作用;沼肥中的氨态氮和蛋白氮使该有机肥具有缓速兼备的肥效特性;沼肥中的纤维等有机成分为疏松土壤及增强土壤有机质含量提供了必不可少的基础;而沼肥中大量活性微量元素则是提高肥料利用以及增强土壤肥力的因素。长期施用沼肥的土壤,有机质、氮、磷、钾等营养元素的含量明显增加,土壤酶活性增强,土壤物理性状得到不同程度的改善,增加作物对营养的利用和吸收,显著提高土壤肥力,促进农业持续增产。

(3)环卫效应。人畜粪便是沼气发酵的主要原料,但从卫生角度看,却是许多疾病的传染源。用沼气池处理人畜粪便,既可杀虫灭菌,又能得到优质能源和肥料。建造庭园厕所、猪舍、沼气池三结合系统,使厕所、猪舍的粪尿自流入池，经过沼气发酵处理后，可将其中绝大部分寄生虫卵杀灭。发展沼气，能减少蚊蝇滋生。通过对建沼气和未建沼气的养殖户调查，结果表明：养鸡户苍蝇密度前者比后者降低 63.57%；养猪场苍蝇密度前者比后者降低 93%。发展沼气，能有效地保护水源，降低污染，改善水环境的质量。

(4)社会效应。发展农村沼气，建设生态家园，可以将妇女从繁重的厨房劳作中解放出来，腾出时间从事庭院生产，增加经济收入。有利于提高农村人口的生活质量和健康水平，减少常见病的发病率。

综上所述，一口新型高效沼气池，相当于一个家庭清洁能源制造中心，一个小型养殖场，一个有机肥生产车间，一个庭院粪污净化器，一棵摇钱树，通过它既可以为 3～5 口人的农家生产一日三餐的炊事燃料和晚间照明燃料，又可以为农家生产庭园种植的优质高效有机肥料，还可以处理和净化庭院污染物，改变庭院“脏、乱、差”的卫生面貌，同时，通过和农业主导产业相结合，进行“三沼”综合利用，可以提高农产品的产量和质量，增加农民收入，引导农民脱贫致富奔小康，促进农村现代化进程。

2. 沼气技术

沼气是有机物质在厌氧的环境和一定的温度、湿度和酸碱度条件下，经过沼气细菌复杂的生化作用而产生的一种可燃性气体。因为最初人们是从沼泽、池塘中发现这种气体的，所以称之为沼气。

3. 制取沼气条件

（1）严格的厌氧环境。沼气发酵微生物包括产酸菌和产甲烷菌两大类，它们都是厌氧细菌，尤其是产生甲烷的甲烷菌对氧特别敏感。它们不能在有氧的环境中生存，哪怕微量的氧存在，也会使发酵受阻。因此，建造一个不漏气、不漏水的密闭沼气池，是人工制取沼气的关键。

（2）足够和优良的接种物。接种物是沼气发酵所需要的含有大量微生物的厌氧活性污泥，也称菌种。只有具备足够优良的接种物才能保证沼气发酵高效运行。农村户用沼气池的接种物一般来源于老沼气池的沼渣（沼液）、阴沟的污泥、粪坑底部的沉渣等。接种物用量一般占总发酵液的30%左右。

（3）必要的发酵温度。沼气发酵菌种在8～60℃范围内都能发酵产气，并且温度越高，发酵越活跃，产沼气越多。作为常温发酵的农村户用沼气池，应尽量使其发酵温度保持在8℃以上。

（4）适宜的酸碱度。在沼气发酵过程中，沼气菌适宜在中性或微碱性的环境中繁殖。发酵液的pH值控制在6.8～7.5为宜。如低于或高于此值，沼气发酵就会缓慢，甚至不能正常进行。

（5）适宜的发酵浓度和碳氢比。作物秸秆、青草、人畜粪便、生活污水等有机物都可以作为沼气发酵的原料。但发酵原料需满足（20～30）∶1的碳氮比和满足6%～

10%的发酵浓度。当然，碳氮比和发酵浓度在夏季可适当低些，在冬季可适当高些。

(6)经常性的搅拌。沼气池在不搅拌的情况下，发酵料液明显地分为3层：上层结壳层、中层清液层、下层沉渣层。发酵液分层不利于产气，所以，应考虑采取搅拌措施。搅拌的目的是使其不分层，让原料和接种物均匀分布于池内，增加微生物与原料的接触面，加快发酵速度，提高产气量。此外，搅拌也有利于沼气的释放。对有加热装置的沼气池来讲，搅拌有利于热能的传播。目前，采用的搅拌方法主要有3种：机械搅拌、液搅拌、气搅拌。

(7)严防加入抑制剂。抑制剂主要是一些重金属离子、农药及一些有毒性物质。这类物质不能加入沼气池。

4. 沼气器具及沼气的正确使用

(1)使用沼气灶具应先点火，后打开灶具开关。

(2)使用沼气时，必须保持通风并有人照看。

(3)使用沼气热水器时，需严格按照产品说明书上的操作程序进行，发现异常情况应及时报修。

(4)沼气热水器必须定期保养。

(5)超过使用年限的沼气器具应及时更换(沼气器具的使用年限：人工沼气为6年，天然气、液化石油气为8年)。

(6)使用后、临睡前、外出时，要关闭沼气阀门。

(7)装有沼气器具的场所不能当卧室。

(8)不准私自接装、改装沼气设备(图3-21)。

图 3-21　不准私自接装、改装沼气设备

(9)应定期检查沼气软管、接头,发现软管老化松动,立即更换。

(10)沼气管道上不要悬挂重物,也不能将沼气管道当接地线。

(11)不要在安装沼气器具的周围堆放易燃易爆物品(图 3-22)。

5. 沼气泄漏处置

(1)迅速关掉沼气总阀门。

(2)迅速打开门窗,加强通风(图 3-23)。

(3)杜绝一切火种,禁止开、关电气用具(图 3-24)。

(4)打电话给沼气公司服务部报修。

(5)离开现场,待修理妥当、气味散尽后才可回屋内。

(6)警示:切勿用火柴或打火机点火的方法寻找沼气

图 3-22　不要在燃气设备周围堆放易燃物品

图 3-23　打开门窗，加强通风

图 3-24　杜绝一切火种

管的漏气处；切勿进入沼气异味特别浓烈的房间，因为毒气积聚起来会使人失去知觉；切勿自行修理。

6. 人员沼气中毒处置

一旦发现有人沼气中毒时，要记住绝对不能惊慌失措。进入沼气浓度较高的事故现场时，抢救人员应采取个人防护措施，可用湿布、湿毛巾等捂住口鼻，减少吸入；不要穿鞋底带钉的鞋子，以防走动时产生火星而引起爆炸。

（1）立即打开房间门窗，使新鲜空气进入室内。

（2）迅速把中毒人员从有沼气的房间里移到，空气新鲜或空气流通的地方。

（3）迅速解开中毒人员的衣裤、胸衣、腰带等，保持中毒人员呼吸畅通（图 3-25）。

（4）如果中毒人员已处于无知觉状态，应将其平放，

图 3-25　迅速解开中毒人员的衣裤

并擦拭口腔，进行人工呼吸。

(5)应立即将中毒人员送往附近有高压氧舱的医院或向医疗急救中心求救。

(二)秸秆气化

秸秆气化是指农业生产中产生的像稻秆、油菜秆、玉米秆等秸秆在缺氧状态下通过热化学反应，将秸秆中的碳转化成可沼气体的过程。产出的可沼气体可供民用炊事、取暖、农产品烘干、发电等使用。

1. 秸秆气化原理

秸秆气化是在气化炉内完成的。秸秆是由碳、氢、氧等元素组成，其中含有一定量的水分。当秸秆被燃烧后，随着温度的升高，燃烧产生的气体通过还原区赤热的炭层反应，转换成含 CO、H_2、CH_4 等成分的可沼气体。整个反应过程很复杂，而且随着气化炉的类型、工艺流程、反应条件、气化剂的种类、原料的性质和粉碎等条件的不同，其反应过程也不相同。

2. 秸秆气化站运行管理

（1）气化站操作、管理人员应事先经过培训，熟练掌握操作技能和管理知识。操作人员应严格按照操作规程进行操作，不能违章作业。

（2）生产期间，应打开通风窗和天窗，以保持车间内通风良好。

（3）消防设施应保持完好，消防水源充足，并有专人负责。工作人员应熟悉防火、灭火知识，并能熟练操作消防设施。非工作人员未经允许不得入内。

（4）对机组、气柜、输气管道等设施要进行定期巡回检查，一旦发现沼气泄漏，应立即采取相关措施加以处理，无关人员不能接近现场。

（5）开机、检修要保证两人同时在场，发现不安全因素，及时给予援助。

（6）站内不得堆放除秸秆外的其他任何易燃易爆物品，站内秸秆必须堆放在储料仓库内，并堆放整齐。

（7）站内必须严禁烟火，要有醒目的防火、防毒标志。

（8）埋有沼气管道的位置必须设明显标志，不准在沼气管道上方随意施工、挖掘及通过重型车辆。

(9)储气柜检修之前必须先将气柜内的沼气用空气置换干净,才能进行操作或进入气柜，以避免气柜内留有可沼气引起爆炸、中毒事故。储气柜启用之前要用可沼气将气柜内空气置换掉,以避免可沼气和空气混合引起燃烧、爆炸。

3. 生物质的热化学反应特性和秸秆气化问题

生物质的能量利用是其应用途径之一。在能量转换技术中,其能量密度和能量强度的提高是主要目的。但其实用性、操作性、可靠性和环保排放必须要引起重视和优化。以热化学为基础的生物质气化液化转换技术,强化了生物质的能量密度和能量强度,提高了其利用品位。如技术路线得当,这些转换产物可取代部分常规能源中的煤、油、气。

(1)秸秆物料的特性。生长期仅一年的作物秸秆属高挥发份、低炭化度物料。挥发份含量平均高达75%,以固定炭含量为标志的炭化程度平均为17%,但发热量却平均高达36%。这表示可燃组分中,含量仅为1/6的固定炭其发热量却占1/3。这种以纤维素、半纤维素和木质素构成的聚合物被隔离空气加热超过100℃时,挥发份即连同水份开始蒸发解离,挥发成气态的油雾;当温度达到450～550℃时,解离挥发过程达到高峰,炭氢分子构成的木焦油、木醋液等大分子聚合物受热升腾为气态浓雾。此时,若与空气混合比达到一定值时,即成为可沼气;若降温达到冷凝条件时，即凝结为液态焦油、木醋液及水污等。所以，对秸秆而言，挥发份对燃烧起决定作用。

(2)高挥发型秸秆物料的气化特点。用生物质气化技术可以把直接燃烧分为半燃烧和完全燃烧两个过程，前者为缺氧条件下的不完全燃烧产生中间产物，即气化煤气。然后，气化煤气再与空气二次混合实现完全燃烧。气化煤气及其燃烧使生物质物料的能量利用率显著增大，燃烧完全，提高了生物质的利用品位。生物质气化热煤气直接燃烧有以下特点：

①燃烧完全、洁净。

②燃烧温度高。热煤气的显热与可燃成分燃烧释放的潜热使燃烧温度高达 1 500℃，在特殊燃烧条件下，可达 1 700℃，而秸秆直接燃烧火焰温度仅为 600～700℃。

③气化热煤气燃烧火力强、温升快。

④可调控。燃烧火焰温度、热能强度可适时控制调节，实现开、关两位操作。

(3)热煤气直接燃烧与煤气冷洗清滤后的冷煤气相比最突出的是热煤气的能量增值。

①显热增值：热煤气的出炉温度 300～400℃。

②潜热增值：纤维素的热分解产物焦油、木醋液及苯、酮、烷类重分子部分其凝聚的能量为 15%～20%。在高温条件下，重分子裂解燃烧可释出能量。

(4)秸秆气化冷煤气，显热、潜热损失及其他。热煤气经水的冷洗、过滤，实现输送储存。此时煤气显热尽失，部分可燃成分以潜热形式流失，而其清滤产生的黑液则成为污染排放物。

秸秆中75%的纤维素和半纤维素的热分解产物形成挥发份，其主要成分是焦油、木醋液、酸、醇等重分子，在热态下以气态形式存在。在高于600℃时，则发生再裂解反应，产生部分可沼气体。这样，煤气中木焦油、木醋、木酸液分子量下降，而较重分子的烷、烯、苯仍以气态成为热煤气的可燃成分参与燃烧。但在冷煤气中，这部分可燃物被冷洗清滤掉成为油污黑液被排放。这部分潜热损失加上冷煤气降温的显热损失使冷煤气热焓大大下降，从而使煤气的燃烧质量降低。其中可沼气着火界限也随之明显缩小，这就是令农村用户恼火的秸秆煤气“点不着火”或是呈不顶用的“小火头”的原因之一。

冷煤气冷洗用水耗水量约为0.5 kg/m^3（煤气）。1台产气量200 m^3/h的装置，1 h耗水100 kg，这在北方缺水地区也是值得注意的问题。所谓“沉淀池”循环水再利用是很难实现的，因为黑液与水的可溶性，“水油交溶”很难分离。由此而产生的黑液排放污染更是潜在的威胁。其中储气塔中的浮动调压水封，不长时间后就成为黏稠的黑液，不能排，无法用，使储气塔成为“储污塔”。

(5)农作物秸秆越冬长期存放，低炭聚合物自然挥发逸出，导致能量衰减。

(6)尽管经冷洗、清滤，因油污粘结阀门、输气支管堵塞的问题在实际运行中还是时有发生。另外，机械式清滤设备重量占机组的75%，造价往往越过气化设备主机，其维修、除污清洗费用在运行成本中也占很大的比例。

(7)不利的运行工况。炊事供气设备运行时间短，一日三餐，每次起动不超过1 h，设备尚未进入“热车”状态即告停。反应区尚未积蓄充分的热量，煤气中油雾水汽含量过高，难于稳定正常供气。建立多用途持续运行的中心煤气站，取代单一用途的炊事供气站。

(三)小水电

1. 小水电的概念

所谓小水电是指容量为1.0～0.5 MW的小水电站；容量小于0.5 MW的水电站又称为农村小水电。因此，小水电也包括小小型和微型水电站(虽然小小型和微型电站一般完全局限于为局部地区供电)。时下，在中央财政资金的支持下，小水电代燃料工程已使一部分农民告别了浓浓炊烟。日前出台的《可再生能源法》又将小水电作为清洁可再生农村能源之一。

2. 小水电建设的意义

(1)促进人与自然的和谐相处。目前，全国约有2亿多农村居民主要用柴草做饭取暖，实际年消耗薪柴1.71亿t，大量地采伐和使用薪柴，已成为生态环境遭破坏的主要原因之一。但是，如何让农民不再上山砍柴呢？水利部副部长索丽生认为，办法是实施小水电代燃料，既解决农民当前生计，又帮助农民长远致富，有利于调整农村能源结构，实现人与自然的和谐。

(2)小水电投资小，见效快。作为清洁可再生农村能源，小水电可年复一年永续使用，既不影响河流生态环境，又能减少温室气体排放。实施小水电代燃料，每年可减少砍伐薪柴 1.49 亿 m^3，有效保护森林 3.4 亿亩；每年可减少二氧化碳 2 亿多 t，减少二氧化硫 92 万 t，获得生态效益 360 亿元。小水电还具有明显的开发优势。小水电投资小，见效快，基本上没有移民和淹没问题，可以分散开发、就地发电、就地供电，有突出的成本优势。

(3)小水电区位优势明显。全国 30 多个省区市的 1 600多个县都有丰富的水电资源，其中又以西部地区最为集中，占了 70% 以上，具有明显的资源优势和区位优势。

(4)小水电代燃料效益明显。根据日前制定的《全国小水电代燃料生态保护工程规划》，“十一五”期间，全国将新建代燃料装机 582 万 kW，总投资达 300 亿元。重点在西北区、西南区以及其他一些生态特别脆弱的地区。目标是到 2010 年解决 684 万农户 2 630 万农村居民的生活燃料。随着农村水电电气化建设，2010 年基本解决无电人口，乡村通电率达到 100%。规划还确定，到 2020 年，全面实施小水电代燃料生态保护工程，新增年发电量

781 亿 kW/h。

据某地测算，按一个 4 口之家的农户烧水、煮饭、取暖，不算秸秆、茅草、树枝，一天要烧干柴 20 kg，一年要烧干柴，折合木材 9～14 m^3，相当于毁坏自然林地 0.05 hm^2。解决一户一年的烧柴，可保障 0.3 hm^2 林木正常的增长蓄积量，即相当于封山育林 0.3 hm^2。按此推算某县以电代柴 37 202.4 万 kg，减少 CO_2 排放量 40 341 万 kg，减少 SO_2 排放量 372 万 kg，生态效益十分显著。

上述可见，大力发展小水电，积极实施“小水电代柴”工程，充分发挥生态作用、扶贫作用，不仅十分必要，而且对保护和改善生态环境，提高农村生活用电水平和生活质量，解放劳动力，增加农民收入，推动社会进步，有着重要的现实意义。

3. 购买、安装和管理

(1)在购买机组时应注意选择发电机类型。常见的发电机可分为：单相异步、单相同步、三相同步、单向永磁发电机等。同步发电机有稳压功能，但价格较贵。异步发电机的电容容易烧坏，永磁发电机结构简单、价格便宜，但功率较小。应用异步发电机和永磁发电机时，必须配上负荷稳压稳频器后，才能适用于彩色电视机等家用电器。

(2)几百瓦的微型水电机组农民朋友可以按照使用说明书的要求自己安装，千瓦以上的机组最好在专业技术人员的指导下安装施工。小水电机组安装基础建造，应按照机组使用说明书的要求进行，机房的建造要充分考虑到防潮、通风、操作方便等方面的要求。

(3)水电站“建站容易管理难”。对于大多数多户联办的微水电站，一定要解决好用电量的分配问题，推选德才兼备的管理维护人员，并制定管理工作手册，明确责、权、利。

一是管理和维护人员应注意做好以下6个环节：

①水电机组正常的开关机。

②水轮机应保持各部件紧固，转动灵活。

③机组运行2 000～2 500 h，应清洗发电机轴承并更换新脂。

④定期检查水封、挡水板的工作可靠性。

⑤机组进行定期(2～3年)的大修和不定期的维修、维护。

⑥保持机房通风良好和干燥。

二是判断常见故障，排除故障。

常见故障的主要表现为：用电时发生异常现象，如机组不发电、使用中停电、电压低、电压不稳等；或者机组运行时发生异常现象，如发电机发高热、水轮机有异响等。一旦发生故障，应立即关阀、停机进行检查，待排除故障后，才能重新开机使用。

故障检查的一般程序为：第一，查看保险丝，及时更换新丝；第二，检查发电机是否过热，绕组是否短路或烧坏；第三，检查引水渠、引水管是否有堵塞现象，及时排除堵塞等问题；第四，检查转动部分是否碰擦，如轴承松动，须更换新的；第五，查看水轮机内是否有异物。

以上只是故障检查的一般程序，农民朋友尽量参照使用说明书，解决由于使用不当而出现的问题。如果是发电机或水轮机的故障，最好应进行专业维修。

（四）太阳能

太阳能发电技术是利用太阳能来生产电力的技术。根据现在人们的认识，有 3 种途径来实现这一目的：一种是把太阳能转换为热能，利用热能发电；另一种是直接把太阳能转换为电能，它是利用特殊半导体材料的光生伏打效应将太阳能直接转换成电能，其能量转换的器件称为太阳电池；还有一种是通过太阳能-化学能转换，将水分解成氢和氧，利用氢来发电。从近几年的发展来看，通过太阳电池实现太阳能发展的技术进展较快，它也属于 21 世纪较有发展前景的技术。

我国具有非常丰富的太阳能资源，太阳能年辐照总量每平方米超过 5 000 MJ，年日照时数超过 2 200 h 以上的地区约占国土面积的 2/3 以上。这是太阳能产业发展最为有利的外在客观条件。据统计，目前中国城市家庭中，57.4% 拥有燃气热水器，31.3% 拥有电热水器，拥有太阳能热水器的只有 7.6%，但在城市家庭的购买预期调查中，三者的比例将演变为35.8%，30.2%，23.2%，太阳能热水器的比例将大幅度增长。相对于城市来说，农村太阳能市场基本是从零开始，目前存在90%以上的市场空白，太阳能在农村潜在空间巨大。科学家在大西北设计了太阳能温室、太阳能取暖器、太阳能发电装置等，综合利用太阳能（图3-26）。

图3-26　太阳能集热板实景图

（五）风力发电

过去牧民生活及取暖都靠烧干牛粪。科学家送来了小型风力发电机，树起了大风车。大风起来，风车飞快地转动，发电机就发出一股股电流，电送到各家各位，过去光线暗淡的家里亮起来了，农民也用上了电动设备（图3-27）。多余的电则储在电池里，风小的时候把电再开发出来。

图 3-27　风力发电实景图

1. 风力发电机组的构成

(1)风轮。小型风力机的风轮大多用 2～3 个叶片组成,它是把风能转化为机械能的部件。风轮叶片的材质一般用玻璃钢或环氧树脂。

(2)发电机。小型风力发电机一般采用得是永磁式交流发电机,由风轮驱动发电机产生交流电,经过整流后变成可以储存在蓄电池中的直流电。

(3)调向机构、调速机构和停车机构。为了能村风中获取能量,风轮旋转面应垂直于风向,在小型风机中,这一功能靠风力机的尾翼作为调向机构来实现。

(4)小型风力机的塔架。一般由塔管和 3～4 根拉索组成，高 6～9 m，也可根据当地实际情况灵活选取。

(5)蓄电池。是发电系统中一个非常重要的部件，多采用汽车用铅酸电瓶，也有风能、太阳能专用的铅酸蓄电池。

(6)控制器。控制器是控制和显示风力机对蓄电池的充电，以保障蓄电池不至于过充和过放，保证蓄电池的正常使用和整个系统的可靠工作。

(7)逆变器。逆变器是把直流电(12 V，24 V，36 V，48 V)变成 220 V 交流电的装置，因为目前很多用电器都是 220 V 供电的，所以这一装置非常必要。

2. 风力发电机的技术要求

(1)发电机各部件要匹配。风力机、蓄电池、逆变器的能力要相互匹配，同时还要与用电器的功率和耗能相匹配。

(2)风力发电机的安装位置。风力发电机选定后，输出能量的大小主要与风速有关，因此，要选择合适的安装位置尤为重要。

①确定好主风向，风力机应安装在主风向的上风头。

②要在风力机的上风头尽量没有其他房屋或树木等障碍物。

③尽量减小紊流的影响，紊流是风灾流经粗糙地表或障碍物表面而引起的风速风向的急剧变化而造成的。紊流造成风力机输出功率减小并引起风力机振动，造成

噪音和影响使用寿命。

④风力机风轮高度范围内的风速垂直切变要小，风速的垂直切变是指在高度方向各个层面的风速不同，这是由于地形和地面粗糙度引起的，垂直切变使风轮叶片受到分布不均匀的力的作用，容易造成风轮损坏。

3. 风力发电机组安装注意事项

(1)选择合适的发电机。一方面了解当地的风资源情况，另一方面适合于用户用电的需求。

(2)综合考虑各配套部件的效率。

(3)实例。发电量的估算：

如 300 W 风力发电机，在年平均风速 3 m/s 条件下可每天发电 693 W·h；在 4 m/s 条件下每天可发电 1 485 W·h；在 5.1 m/s 条件下每天可发电 2 380 W·h。

估算家里计划要安装的电器的总的耗电量。如 3 节节能灯每盏 15 W，平均每天用 4 h，3×15×4＝180（W·h）时；一台 21 英寸彩电功率 65 W，平均每天用 5 h，1×65×5＝325（W·h），其他录音机灯合计 20 W，用电 3 h，1×20×3＝60（W·h），三项合计每天总用电量 565 W·h，也就是 0.565°电。

在当地平均风速达到 4 m/s 时，就可选用华德公司 300 W 风力发电机，在考虑各配套部件的效率后，可以满足用电需求。

（六）海洋能

海洋能也叫潮汐能。潮汐能是指海水潮涨和潮落形成的水的势能，其利用原理和水力发电相似。潮汐能的能量与潮量和潮差成正比。或者说，与潮差的平方和水库的面积成正比。和水力发电相比，潮汐能的能量密度很低，相当于微水头发电的水平。世界上潮差的较大值为 13 ～15 m，我国的最大值（杭州湾瞰浦）为 8.9 m。一般说来，平均潮差在 3 m 以上就有实际应用价值。

潮汐能利用的主要方式是发电。通过贮水库，在涨潮时将海水贮存在贮水库内，以势能的形式保存，然后，在落潮时放出海水，利用高、低潮位之间的落差，推动水轮机旋转，带动发电机发电。潮汐电站的功率和落差及水的流量成正比。但由于潮汐电站在发电时贮水库的水位和海洋的水位都是变化的（海水由贮水库流出，水位下降，同时，海洋水位也因潮汐的作用而变化）。因此，潮汐电站是在变功况下工作的，水轮发电机组和电站系统的设计要考虑变功况，低水头、大流量以及防海水腐蚀等因素，远比常规的水电站复杂，效率也低于常规水电站。潮汐电站按照运行方式和对设备要求的不同，可以分成单库单向型、单库双向型和双库单向型 3 种。

根据我国潮汐能资源调查统计，可开发装机容量大于 200 kW 的坝址共有 424 处，可开发装机容量 200 kW 以上的潮汐资源，总装机容量为 2 179 万 kW，年发电量约 624 亿 kW·h。这些资源 在沿海的分布是不均匀的，以福建和浙江为最多，站址分别为 88 处和 73 处，装机容量分别是 1 033 万 kW 和 891 万 kW，两省合计装机容量占全国总量的 88.3%。其次是长江口北支(属上海和江苏)和辽宁、广东，装机容量分别为 70.4 万 kW 和 59.4 万 kW 和 57.3 万 kW，其他省区则较少，江苏沿海(长江口除外)最少，装机容量仅 0.11 万 kW。浙江、福建和长江口北支的潮汐能资源年发电量为 573.7 亿 W 时，如能将其全部开发，相当每年为这一地区提供 2 000 多万 t 标准煤。

在我国沿海，特别是东南沿海有很多能量密度较高，平均潮差 4～5 m，最大潮差 7～8 m，且自然环境条件优越的站址。其中，已做过大量调查勘测、规划设计和可行性研究工作，具有近期开发价值和条件的中型潮汐电站站址，有福建的大宫坂(1.4 万 kW，0.45 亿 kW·h)、八尺门(3.3 万 kW，1.8 亿 kW·h)和浙江的健跳港(1.5 万 kW，0.48 万 kW·h)、黄墩港(5.9 万 kW，1.8 亿 kW·h)。已做过规划设计，有较好的工作基础，还需要进行前期综合研究论证的大型潮汐电站站址有长江口北支(70.4 万 kW，22.8 亿 kW·h)、杭州湾(316 万 kW，87 亿 kW·h)和乐清湾(55 万 kW，23.4 亿 kW·h)等。

三、农村电网建设

建国之初，中国农村的年用电量仅为 0.2 亿 kW·h，占全国总用电量的 0.58%。建国后，党和国家积极推进农村电气化，尤其是改革开放后，农村电气化事业进入了新的发展阶段。我国农村电网建设几乎从零开始，通过半个多世纪的建设，已构建起当今世界最大的农村电网，解决了世界 1/7 人口的用电问题，有力地推动了我国农村经济社会发展。

（一）农村电网建设的意义

1. 推动农村经济发展

农村电网供电能力的增强，能直接带动地方经济的发展。当前，农村用电已从照明和灌排用电为主，转变到工业用电占主导地位，到 2005 年已占总用电量的 68.5%，促进了农村经济社会的全面发展。农村电气化事业的发展，还能扩大内需，拉动国民经济增长，促进农业产业结构调整。

2. 提高农民生活质量

农村电价长期高于城市，是制约农村经济社会发展和农民生活质量提高的重要因素。随着农村电网的建设和发展，电价降低了，供电质量提高了，家用电器在广大农村迅速普及。2000—2004 年，全国农民家庭平均每百户空调、冰箱和洗衣机分别由 1.32 台、12.31 台和 28.58 台增长到 4.70 台、17.75 台和 37.32 台。农村电网的建设与发展，对消除城乡壁垒、促进社会公平具有重大而深远的意义。

3. 促进农村社会和谐

在农村电网改造之前，农村电网线路混杂，用电安全、质量和可靠性都无法保障，农民人身触电伤亡事故时有发生。农村电力市场“人情电、关系电、权力电”和“乱收费、乱加价、乱摊派”的情况较为普遍，影响了农村社会的和谐。改革开放后，农村电网建设进入了新的发展阶段，上述问题也在逐步解决中。所以，农村电网建设也推进了我国农村经济社会发展和文明、和谐。

(二)电的基本常识

1. 电

电是一种能量。它不是凭空产生的，而是由其他能量，比如水能、热能、机械能、原子能等转换来的。

2. 电流

水在水管里流动叫水流，电在电线里流动叫电流。也就是电能沿着传电的物体朝着一定方向有规律的流动，是看不见，摸不着的。电流速度每秒 30 万 km。

3. 电压

电压也叫电位差，它和水位差的意思是一样的。水面的高低差别叫水位差或水压，水位差越大，水流越急，越远，越快。电位的高低差，叫电位或电压，电压越高，电流传送就越远。

4. 导体

电流可以通过的物体，也就是能传电的东西，都叫做导体。各种金属是导体。有些液体像日常用的水能传电，含有水分的物体也能传电，人的身体也能传电，大地也能传电，各种动物、植物都能传电，所有这些都是导体。

5. 绝缘体

凡是不容易传电的物体，都叫绝缘体。比如塑料、橡胶、陶瓷、玻璃、胶木、干燥的空气和木头、干燥的棉布等，都不传电，所有这些都是绝缘体。

6. 人为什么会触电

如果人站在地上，身体碰到带电的东西，人的身体能传电，地也能传电，电流就通过人的身体传到地上，人就触电了。

7. 触电电死人

触电时间越长，后果越严重；电压越高越危险；电流越大对人的伤害越大。触电严重，会刺激人的中枢神经系统和心脏，可以使人的呼吸受到抑制或者血液循环中断，人就死了。

8. 发生了电气火灾该怎么办

当闻到有烧胶皮或者烧塑料的味，更赶快检查电线，发现电线有烧焦的地方，立即拉开闸盒。万一发生电气火灾，要先停电救火，未切断电源前，救火时不能用水浇，因为水是传电的，要用盖土或者压沙子的办法来灭火。

拉开开关后，用什么办法救火都可以，也不会因救火而发生触电事故。

(三)安全用电常识

电力是国民经济的重要能源，在现代家庭生活中也不可缺少。但是不懂得安全用电知识就容易造成触电身亡、电气火灾、电器损坏等意外事故。所以，“安全用电，性命攸关”。

1. 居民安全用电规范

(1)凡居民新装用电应向供电局营业厅或所辖供电所申请，客户用电设备及线路安装委托电力部门认可的施工队或个人承装，安装完毕经电业局业扩人员验收合格，才能装表接电。

(2)家里的照明总线路和分线路均须装设开关控制，严禁私拉乱接，严禁一制多线用电。

(3)室内导线要求铜芯线，总线截面不少于 6 mm^2，照明分支线不应少于 1 mm^2，插座线不少于 2.5 mm^2，如新增空调、电热水器等设备，视容量换大导线和电能表。

(4)室内用电设备应符合下列规定：

ⓐ必须安装漏电开关。

ⓑ比照明灯不低于 1.8 m。

ⓒ开关、插座不低于 1.4 m，不得装于墙角线上，防止儿童意外触电，照明开关控制相线。

ⓓ电线、保险盒、开关、灯头、插座等各类家用电器，必须使用合格产品。

ⓔ家用电器的金属壳要专用接地保护。

(5)“四线”(电力、广播、电视、电话)要分开敷设,不能在电源线上晒衣服。晒衣服的铁线亦不能离电线太近。

(6)临时照明灯必须安装插头或胶盖开关控制,不得乱装、乱拉和乱接。

(7)临时用电设备,必须向电力局申请同意,并缴纳临时用电费才能装表使用。严禁私自接驳用电。

(8)室内电线、保险盒开关灯头插座和各类家用电器绝缘损坏,带电部分外露,应尽快委托有证的施工队或电工进行修理更换。

(9)安装预付费电表(磁卡电表)的客户由于电表内或表后安装的限流型保护开关为过负荷及短路保护专用,如您的家用电器超出限定的容量(比如您加装了1台空调)或用电量(购电量)用完,保护开关将自动跳开,客户不得私自拆装该开关及变动接线,若该开关动作频繁,应到电力部门办理增容手续。

2. 家庭安全用电须知

日常家庭生活中,首先不要私拉乱接,私拉乱接是违反用电制度的,在安装上不符合要求的,是容易出事故的;另外,在日常生活中换灯泡、擦灯泡的时候,先将电流关上,不要用湿手、湿布擦灯泡,要站在木凳或桌子上,不要站在地上去擦,防止开关万一失灵漏电;螺丝口灯泡的金属部分跟地线通着,电灯开着的时候灯头有电,不安全，露在外边的螺丝部分，人的手碰着就触电了，要特别注意。

（1）不要超负荷用电，如用电负荷超过规定容量，应到供电部门申请增容；空调、烤箱等大容量用电设备应使用专用线路。

（2）要选用合格的电器，不要贪便宜购买使用假冒伪劣电器、电线、线槽（管）、开关、插头、插座等。

（3）不要私自或请无资质的装修队及人员铺设电线和接装用电设备，安装、修理电器用具要找有资质的单位和人员。

（4）对规定使用接地的用电器具的金属外壳要做好接地保护，不要忘记给三眼插座、插座盒安装接地线；不要随意将三眼插头改为两眼插头（图 3-28）。

图 3-28　不要随意将三眼插头改为两眼插头

(5)要选用与电线负荷相适应的熔断丝,不要任意加粗熔断丝,严禁用铜丝、铁丝、铝丝代替熔断丝。

(6)不用湿手、湿布擦带电的灯头、开关和插座等(图3-29)。

图 3-29 不用湿手、湿布擦带电的灯头

(7)漏电保护开关应安装在无腐蚀性气体、无爆炸危险品的场所,要定期对漏电保护开关进行灵敏性检验。

(8)晒衣架要与电力线保持安全距离,不要将晒衣竿搁在电线上。

(9)要将电视机室外天线安装得牢固可靠,不要高出附近的避雷针或靠近高压线。

(10)严禁私设电网防盗、狩猎、捕鼠和用电捕鱼(图3-30)。

图 3-30　严禁私设电网

3. 如何预防常见用电事故

(1)不要乱拉乱接电线(图 3-31)。

(2)在更换熔断丝、拆修电器或移动电器设备时必须切断电源,不要冒险带电操作。

(3)使用电熨斗、电吹风、电炉等家用电热器时,人不要离开。

(4)发现电器设备冒烟或闻到异味时,要迅速切断电源进行检查。

(5)电加热设备上不能烘烤衣物(图 3-32)。

(6)要爱护电力设施,不要在架空电线和配电变压器附近放风筝。

图 3-31　不要乱拉乱接电线

图 3-32　电加热设备上不能烘烤衣物

4. 安全用电常识

（1）入户电源线避免过负荷使用，破旧老化的电源线应及时更换，以免发生意外。

（2）入户电源总保险与分户保险应配置合理，使之能起到对电器的保护作用。

（3）接临时电源要用合格的电源线、电源插头、插座要安全可靠，损坏的不能使用，电源线接头要用胶布包好。

（4）临时电源线临近高压输电线路时，应与高压输电线路保持足够的安全距离（10 kV 及以下 0.7 m，35 kV1 m，110 kV 1.5 m，220 kV3 m，500 kV5 m）。

（5）严禁私自从公用线路上接线。

（6）线路接头应确保接触良好，连接可靠。

（7）遇有电器着火，应先切断电源再救火，无法切断电源时，应用不导电的灭火剂灭火，不要用水及泡沫灭火剂；火势太猛难以控制时，迅速拨打“110”或“119”报警电话。

（8）电器接线必须确保正确。有疑问时应询问专业人员。

（9）电器在使用时，应有良好的外壳接地，室内要设有公用地线。

（10）湿手不能触摸带电的电器、不能用湿布擦拭使用中的电器，进行电器修理必须先停电源。

（11）电热设备，暖气设备一定要远离煤气罐。煤气管道发现煤气漏气时先开窗通风，千万不能拉合电源，并及时请专业人员修理。

（12）发现电器损坏，应请经过培训的专业人员进行修理，自己不要拆卸，防止发生电击伤人。

（13）发现电线断落，无论带电与否，都应视为带电，应与电线断落点保持足够的安全距离，并及时向有关部门汇报。

（14）发现有人触电，不能直接接触触电者，应用木棒或其他绝缘物将电源线挑开，使触电者脱离电源（图 3-33）。

图 3-33　可用干燥的竹竿、木棒等绝缘物挑开电线

（15）不准靠近或接触任何有电电器的带电部分，特别是黑白、彩色电视机的高压行输出部分，以免被电击伤。

(16)电源开关外壳和电线绝缘有破损不完整或带电部分外露时，应立即找电工修好，否则不准使用。

(17)电话线与电源线不要为图方便使用同一条电缆，要分别使用不同的电线或电缆，敷设时离开一定距离。

(18)在带电的电器上或破旧的电线周围，不能用钢卷尺和夹有金属丝的皮尺、线尺进行测量工作。

(19)要提倡文明守法用电，杜绝各种形式的违章、违法窃电中的触电。

5. 应急处置触电事故

电流对人体的损伤主要是电热所致的灼伤和强烈的肌肉痉挛，这会影响到呼吸中枢及心脏，引起呼吸抑制或心跳骤停，严重电击伤可致残，甚至直接危及生命。

(1)要使触电者迅速脱离电源，应立即拉下电源开关或拔掉电源插头，若无法及时找到或断开电源时，可用干燥的竹竿、木棒等绝缘物挑开电线。

(2)将脱离电源的触电者迅速移至通风干燥处仰卧，将其上衣和裤带放松，观察触电者有无呼吸，摸一摸颈动脉有无搏动。

(3)施行急救。若触电者呼吸及心跳均停止时，应在做人工呼吸的同时实施心肺复苏抢救，另要及时打电话呼叫救护车。

(4)尽快送往医院，途中应继续施救(图 3-34)。

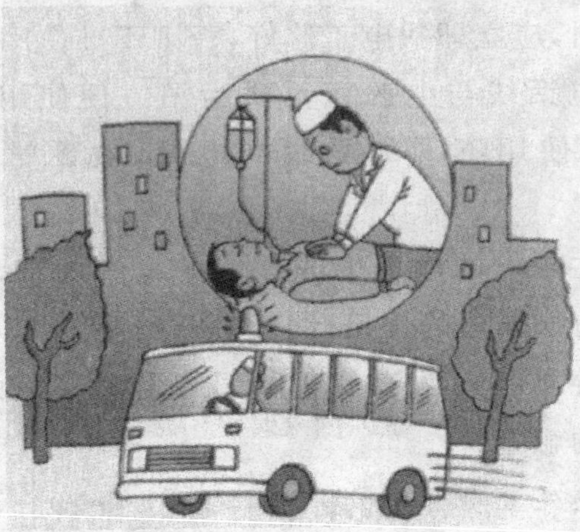

图 3-34　途中应继续急救

第四篇 农村公用设施规划与建设

尽快改变农村公用设施滞后的状况，是广大农民群众的迫切要求，是推进社会主义新农村建设的重要任务。近些年来，我国在这方面已经做了很多工作，现在应当也更有条件加快农村公用设施发展。要按照公共服务均等化原则，扩大公共财政覆盖农村的范围，不断增加投入，提高公共服务水平，力争经过几年的努力，明显改善农村生产生活条件和整体面貌。

一、科学统筹规划村镇公共建筑用地

村镇用地应按土地使用的主要性质划分为：居住建筑用地、公共建筑用地、生产建筑用地、仓储用地、对外交通用地、道路广场用地、公用工程设施用地、绿化用地、水域和其他用地 9 大类、28 小类。具体分类见表 4-1。

公共建筑是为居民提供社会服务的各种行业机构和设施的总称，与居民生活和工作有着密切的联系，其规划布局是否合理直接影响着居民的生活也影响着村镇经济的繁荣和合理的发展。

(一)公共建筑布置的基本要求

1. 各类公共建筑的合理服务半径

根据服务半径确定其服务范围大小及服务人数的多少,以此推算出公共建筑的规模。一般村庄公共建筑的服务半径为5～6 km,这与该公共设施频率、该地区的人口密度有关系,使用频率越大服务半径越小,人口密度越大服务半径越小。

表4-1 村镇用地的分类和代码

类别代码 大类	类别代码 小类	类别名称	范围
R		居住建筑用地	各类居住建筑极其间距和内部小路、场地、绿化等用地;不包括路面宽度等于或大于3.5 m的道路用地
	R1	村民住宅用地	村民户独家使用的住房和附属设施及其户间间距用地、进户小路用地;不包括自留地及其他生产性用地
	R2	居民住宅用地	居民户的住宅、庭院及其间距用地
	R3	其他居住用地	属于R1、R2以外的居住用地,如单身宿舍、敬老院等用地
C		公共建筑用地	各类公共建筑物及其附属设施、内部道路、场地、绿化等用地
	C1	行政管理用地	政府、团体、经济贸易管理机构等用地
	C2	教育机构用地	幼儿园、托儿所、小学、中学及各类高中级专业学校、成人学校等用地
	C3	文体科技用地	文化图书、科技、展览、娱乐、体育、文物、宗教等用地

续表 4-1

类别代码 大类	类别代码 小类	类别名称	范　　围
	C4	医疗保健用地	医疗、防疫、保健、休养和疗养等机构用地
	C5	商业金融用地	各类商业服务业的店铺、银行、信用保险等机构，及其附属建设用地
	C6	集贸设施用地	集市贸易的专用建筑和场地；不包括临时占用街道、广场等设摊用地
M		生产建筑用地	独立设置的各种所有制的生产性建筑及其设施和内部道路、场地、绿化等用地
	M1	一类工业用地	对居住和公共环境基本无干扰和污染的工业，如缝纫、电子、工业品等工业用地
	M2	二类工业用地	对居住和公共环境有一定干扰和污染的工业，如纺织、食品、小型机械等工业用地
	M3	三类工业用地	对居住和公共环境有严重干扰和污染的工业，如采矿、冶金、化学、造纸、制革、建材、大中型机械制造等工业用地
	M4	农业生产设施用地	各类农业建筑、如打谷场、饲养场、农机站、育秧房、兽医站等及其附属设施用地；不包括农林种植地、牧草地、养殖水域
W		仓储用地	物资的中转仓库、专业采购和储存建筑及其附属道路、场地、绿化等用地
	W1	普通仓储用地	存放一般物品的仓储用地
	W2	危险品仓储用地	存放易燃、易爆、剧毒等危险品的仓储用地
T		对外交通用地	村镇对外交通的各种设施用地
	T1	公路交通用地	公路站场及规划范围内的路段、附属设施等用地
	T2	其他交通用地	铁路、水运及其对外交通的路段和设施等用地

续表 4-1

类别代码 大类	类别代码 小类	类别名称	范围
S		道路广场用地	规划范围内的道路、广场、停车场等设施用地
	S1	道路用地	规划范围内宽度等于和大于 3.5 m 以上的各种道路及交叉口等用地
	S2	广场用地	公共活动广场、停车场用地；不包括各类用地内部的场地
U		公用工程设施用地	各类公共用地和环卫设施用地，包括其建筑物、构筑物及管理、维修设施等用地
	U1	公用工程用地	给水、排水、供电、邮电、供气、供热、殡葬、防灾和能源等工程设施用地
	U2	环卫设施用地	公厕、垃圾站、粪便和垃圾处理设施等用地
G		绿化用地	各类公共绿地、生产防护绿地；不包括各类用地内部的用地
	G1	公共绿地	面向公众、有一定游憩设施的绿地，如公园、街巷中的绿地、路旁或临水宽度等于和大于 5 m 的绿地
	G2	生产防护绿地	提供苗木、草皮、花卉的园地，以及用于安全、卫生、防风等的防护林带和绿地
E		水域和其他用地	规划范围内的水域、农林种植地、牧草地、闲置地和特殊用地
	E1	水域	江河、湖泊、水库、沟渠、池塘、滩涂等水域；不包括公园绿地中的水面
	E2	农林种植地	以生产为目的的农林种植地，如农田、菜地、园地、林地等
	E3	牧草地	生长各种牧草的土地
	E4	闲置地	尚未使用的土地
	E5	特殊用地	军事、外事、保安等设施用地；不包括部队家属生活区、公安消防机构等用地

2. 结合交通设立公共建筑

一般讲公共建筑布置在干道边，但幼儿园小学等则需布置避免交通车辆干扰的地段。

3. 公共建筑的布置需考虑景观的要求

公共建筑的体型和立面一般比较丰富，因此应充分利用，组织街景及景点，创造具有地方风貌的景观。

4. 公共建筑的布置要充分利原有基础

旧有公共设施一般种类不全或规模不够，尽量结合村庄建设进行改建、扩建规划。

（二）村庄内应设置的公共设施项目

1. 行政经济类

村委会或居委会。

2. 教育机构类

幼儿园、托儿所，如有条件或村庄规模比较大可设小学。

3. 文体科技类

文化站、影剧院。

4. 医疗保健类

卫生所、防疫保健站。

5. 商业服务类

便民超市（百货、食品）、饭店、综合服务点（理发、浴室、服装制作）、综合修理加工点等。

(三)主要公共建筑的规划布置

1. 村委会、居委会的规划布置

村委会、居委会一般不宜与商业、服务业混在一起，而宜布置在中心区的边缘，且比较独立、安静、交通方便的地段。

2. 学校的规划布置

学校应由合理的规模和服务半径。小学规模一般是以6～12班为宜，服务半径0.5～1 km。

学生上学不宜穿越铁路干线和主干道以及人多车杂的地段。中学的规模以12～18班为宜，校址选在乡镇比较僻静的地段，学校门避免开向公路。此外学校本身也应注意避免对居民的干扰，应与住宅保持一定距离。

3. 村文化站、电影院等文化设施的布置

村文化站、电影院等文化设施可结合村文化广场设置。一般设在村中心，用地开敞，阳光充足，空气清新的地段，为避免对居民的干扰应与住宅保持一定距离。

4. 卫生所的规划布置

卫生所的位置尽量选在次要干道上，环境幽静、阳光充足、通风良好的地段。适宜的地点是在村中心区的边缘，交通方便又不嘈杂。

5. 商业服务设施的规划布置

商业服务设施在布置时尽量集中布置，使其形成一个较繁华的公共活动中心。

6. 公共中心的规划布置

公共活动中心的位置要从现状出发，充分利用原有基础，根据实际情况可对原有建筑、设施采取保留、改造、扩建等方法。但如果原有公共活动中心的位置不当或者基础较差或者改建条件不足时，也可考虑重新选址。

公共活动中心的位置理论上选在村庄的几何中心可获得最佳的服务半径，但由于地形、交通等因素的影响，其位置不一定是几何中心。一般公共活动中心的位置选在交通方便、居民能够方便到达、自然条件较好的地方。

公共活动中心常见的空间布局形式有沿街布置、街坊式布置和结合地形自由布置。

7. 广场的规划布置

广场是供人们活动的空间，在村庄中的意义尤其重要，它可以联系和密切村民关系也可丰富和活跃村民的生活内容。在广场上可布置一些公共建筑，平时供游览及一般活动，需要时刻提供群众集会、节日联欢之用。建筑物是构成广场的重要因素，广场上除了由主要建筑物外，还有其他建筑和各种设施，他们在广场上组成有机整体，主从分明。广场的性质往往是由主要建筑物的性质决定的，其布置一般有以下几种方法：

(1)将主要建筑布置在广场中心。主要建筑布置在广场中心时它的体型必将是从 4 个方向看都是完整的。当主要建筑四周都是车辆较多的交通通道时，不宜采用此种方式。

(2)主要建筑沿广场的主要轴线布置在广场周边或纵深处,建筑物主要立面面向广场,这是最常见的布置方式。

(3)广场轴线不明显时,可根据建筑物的朝向以及广场周围的道路性质决定主要建筑的位置。这种情况,最好是主要建筑比一般建筑有更为丰富的轮廓线,可将主要建筑物布置在广场的转角。

广场的地面铺装要有适宜的排水坡度,铺装材料的色彩要与主要建筑相协调。在铺装时,要同时考虑地面下沟管系统的埋设,沟管的位置要不影响场地的使用以及要便于检修。

二、加强农村公共事业的建设

(一)努力加强农村教育培训的支撑条件建设

积极推进农民教育培训。“十一五”期间,农业系统将积极争取国家有关部门的支持,通过加强农民教育培训的基础设施建设,为培养大批觉悟高、懂科技、善经营的新型农民、农村实用人才和农村劳动力转移培训工程提供智力服务。初步计划农民教育培训的基础设施建设由中央和省级农民科技培训资源服务平台建设、县级农民科技教育培训辐射平台建设和村级农民科技教育培训扩散基点建设等3个部分组成。

中央和省级农民科技培训资源服务平台具有将各类农民教育培训资源和信息的收集、加工、制作、传播和具体组织实施和管理农民教育培训的功能；县级农民科技培训辐射平台具有将各类农民教育培训资源和信息的接收、加工、发送和具体组织实施农民教育培训的功能；村级农民科技培训扩散基点是农民教育培训基础设施建设的终端，是农民教育培训基础设施建设的重中之重，对农民教育培训工作的开展具有基础支撑和培训扩散功能，农业系统将积极争取国家有关部门的支持，从全国择优选择一定规模的行政村，以农村专业技术协会、科技信息员和种养大户为基础，建设农民科技书屋、农业科技橱窗、科技大喇叭等，使村级农民教育培训扩散基点真正成为“建在小乡村、连着大专家、通向大市场”的农民科技教育培训中心。村级农民教育培训扩散基点建设实行政府引导、农民为主、社会参与的投入机制。中央和地方各级农业行政主管部门将积极争取各级计划、财政部门的支持，确保工作的顺利开展。要广泛吸收社会资金投入农民教育培训的支撑条件建设。

加快农村义务教育事业发展。要着力普及和巩固农村九年义务教育，两年内全部免除农村义务教育阶段学生学杂费，对贫困家庭学生免费提供课本和补助寄宿生生活费。2006 年先在西部地区实行。同时，要深化农村义务教育经费保障机制的改革，使农村义务教育的发展有稳定的资金来源。2006 年中央财政预计新增投入约 102 亿元，地方财政预计新增投入约 38 亿元。“十一五”期间，在农村教育方面，中央和地方财政将累计新增投入

1 258 亿元和 924 亿元左右，合计约 2 182 亿元。这笔资金将主要用于改善农村义务教育办学条件，继续做好农村寄宿制学校建设、中小学危房改造工程和中小学现代远程教育工程等。

(二)积极促进农村文化、信息设施建设

"十一五"期间，国家加强农村公共文化、信息建设，主要是加大政府投入，调整资源配置，深化体制改革，加强文化、信息基础设施建设，构建公共文化、信息服务体系，使文化、信息事业有较快发展，解决农民群众看书难、看戏难、看电影难、收听收看广播电视难和获取信息难的基本问题，实现和保障农民群众的基本文化、信息权益。同时，积极引导社会力量捐助农村文化信息事业，重点捐助文化站(室)、村庄信息服务大厅、农民科技书屋等农村文化信息以及农村公益性文化实体和文化活动。

一是大力推进广播电视进村入户。采取多种技术手段，加大实施广播电视村村通工程的力度，争取到 2010 年基本实现 20 户以上的已通电自然村全部通广播电视。充分利用无线、有线和卫星等多种技术手段，力争使农民群众收听收看到套数更多、质量更好的广播电视节目。中央财政对中部地区国家扶贫开发工作重点县和西部地区村村通的建设给予适当的基建投资支持，对新疆、西藏、内蒙古、宁夏等省区的村村通工程运行维护给予适当的经费补助。完善农村广播电视公共服务覆盖体系，做好农村接收广播电视的服务工作，积极探索适合当地实际的运行服务机制，确保村村通长期有效运行。同时，在已实现有线电视“村村通”的基础上，到2007年底完成村网改造工程。

二是积极发展农村电影放映。继续实施农村电影数字化放映“2131”工程，加大专项资金投入，重点做好配送电影流动放映车和电影拷贝工作，丰富农村电影片源。加强农村中小学爱国主义教育影片和农村科教影片的放映。采取定点、流动、录像放映等多种形式，积极探索农村电影放映的新方法新模式，到2010年基本实现全国农村一村一月放映一场电影的目标。加强农村影院的更新改造，增加农村电影固定放映点。推广电影数字放映技术，在农村逐步实现由胶片放映向数字放映的转变。

三是开展农村综合信息平台服务。要积极推广农业部“四电合一”的信息服务模式，充分发挥电脑、电话、电视和广播普及率高的优势，推进农业政策、科技、市场等信息进村进户，辐射并带动周边地区农业信息服务工作的开展。“四电”指电话语音系统、有线电视系统和电脑网络系统和广播系统，“合一”是指设立村庄信息服务大厅。通过“四电合一”的农业综合信息平台服务模式，制作相关的广播和有线电视节目，及时把各种农业信息传播到各家各户，加速农业信息进农村的步伐。同时，充分利用电话在农村普及率高的优势，连线相关专家，进行这种语音“面对面”形式的交谈，及时解答各种农民对信息的疑问，充实整个服务平台的互动性和有效性，有效解决农村信息服务“最后一公里”的问题。要依托农村党员干部现代远程教育、农村中小学现代远程教育网络、村庄信息服务大厅和农民科技书屋等，以共建方式加快农村数字化文化和农业综合信息平台服务的建设。

四是构建农村公共文化服务网络。坚持以政府为主导，以乡镇为依托，以村为重点，以农户为对象，发展农村文化信息设施和文化活动场所，构建农村公共文化信息服务网络。要大力加强农民科技书屋的建设。2003—2006 年，农业部已在全国 2 000 余个行政村建设“农民科技书屋”。农业部免费向每个“农民科技书屋”赠送价值 5 000 元的农业科技书籍和光盘，并逐步将“农民科技书屋”建设成为农村宣传政策法规、提供市场信息、传播农业科技知识的中心和开展农村两个文明建设的阵地。同时，充分发挥农村中小学在开展农村文化活动方面的作用，提倡中小学图书室、电子阅览室定时就近向农民群众开放，把中小学校建成宣传、文化、信息中心。

（三）加快推进农村卫生事业建设

《中共中央、国务院关于推进社会主义新农村建设的若干意见》提出，积极发展农村卫生事业。积极推进新型农村合作医疗制度试点工作，从 2006 年起，中央和地方财政较大幅度提高补助标准，到 2008 年在全国农村基本普及新型农村合作医疗制度。各级政府要不断增加投入，加强以乡镇卫生院为重点的农村卫生基础设施建设，健全农村三级医疗卫生服务和医疗救助体系。我国人口占世界的22%，但医疗卫生资源仅占世界的2%，就这仅有的2%的医疗资源，其中的80%集中在城市。绝大多数乡镇卫生院条件差，服务能力弱，无法满足基本需求。同时，村级医疗机构的规模都比较小。在所调查的村级医疗机构中，21.5%的诊所只有一间医用房间，23.7%的诊所有2间房间，25.8%的诊所有3间房，拥有4间及4间以上房间的诊所合计为29%。村级诊所的固定资产都比较少，包括房产在内，65.9%的诊所的固定资产在20 000元以下。很多设备非常简陋，总价值只有几千元。除新型合作医疗制度试点地区以外，其他农民极少能够获得医疗保障。2000—2003年，全国卫生总费用筹资总额近2.2万亿元，农村仅占其中的40.81%。2003年农村人均卫生总费用为274.7元，相当于全国平均水平的53.92%，相当于城市平均水平的24.77%。目前，“看病难、看病贵”的现象在农村非常普遍。

国家积极发展农村卫生事业，今后财政新增卫生事业经费主要用于农村，围绕解决农民看病难、看病贵的问题，大力发展和巩固农村合作医疗制度。具体体现在：2006年合作医疗试点要扩大到农村40%的县，2007年争取达到60%，在2008年全面实行农村合作医疗制度；2006年，中央财政对农村合作医疗的补助将达到47亿，是2005年的7倍多，各级政府也要不断增加投入。按规划，2004—2009年间，中央和地方还将共同安排资金216亿元，到2010年基本建立起与农民收入水平相适应的县、乡、村三级农村医疗卫生服务网络。政府还将加强农村计划生育服务设施建设和实施农村计划生育家庭奖励扶持制度。农村卫生基础设施建设立足于农村基层、覆盖农村基层，立足于医疗卫生服务、医疗救助体系、药品供应配送和监管体系，防疫和急救体系等各种体系以及制度的建设，涉及农村卫生事业的全方位。

（四）努力搭建农村体育公共服务平台

在我国，目前80%的人口生活在农村，但农村只拥有全国8%的体育设施。要发展农村体育，必须有一个好的农村体育公共服务平台。“农民体育健身工程”已列入国家“十一五”发展规划，推动实施“农民体育健身工程”，就是新农村建设的具体举措。“农民体育健身工程”以行政村为主要实施对象，以经济、实用的小型公共体育健身场地建设设施为重点，建设一个标准化篮球场，并配置一副篮球架和2张乒乓球台，以此搭建农村体育公共服务平台。通过“农民体育健身工程”计划的实施，争取到2010年，有1/6的行政村建有标准的公共体育场地设施，覆盖1.5亿农村人口。目前，已确定河南、江西、湖北、广西、重庆、陕西、山东、浙江8个省（区、市）作为2006年“农民体育健身工程”试点地区。其他省市区也将开始试点。该工程建设以地方投资为主，中央资金给予适当的年补助，村里出场地，农民义务投劳，同时，鼓励各种社会力量参与，形成多渠道投入，大家共同参与的局面，共同把这项事业办好。

加强农村体育公共服务平台建设，能够有效改善农民的体质，提高健康水平，为农村经济建设和社会发展服务；同时有利于引导农民建立科学文明的生活方式，丰富农村体育文化生活，占领农村文化阵地；有利于移风易俗，促进农村精神文明建设。在一些农村，一块混凝土的篮球场竟然能起到神奇的作用。在山西，一条长 660 多 km 的“百镇千村大运体育走廊”，被当地农民称作“健康工程”和“民心工程”。这条走廊依大(同)运(城)高速公路而建，北起大同，南至运城，纵贯山西全省。大运体育走廊总投资 2 140 万元，为农村修建了 650 块混凝土标准篮球场(图 4-1)，25 条全民健身路径和 6 所青少年体育俱乐部，购置 2 000 多件体育器材，平均 1 km 左右就有一个文体活动场地，沿途 200 多万农民群众因此受益。河南省陕县大营镇大营村拥有全国第一个村级体育馆，除此之外，大营村还以“大营麻花”而远近闻名。过去，该村只有一个麻花作坊，体育馆建成后，在这里举办的篮球等体育比赛多了起来，每逢有比赛，邻里八乡的观众蜂拥而至，不仅球场周围挤满了人，树上、架子上、房子上都是人。人一多，麻花自然也卖得格外的好。市场供不应求了，麻花作坊如雨后春笋般多了起来，目前已达 200 多家。体育带动了麻花的旺销，“麻花”回馈体育的是赞助比赛。如今，“大麻花杯”的冠名早已不是什么新鲜事，比赛的纪念品或奖品也少不了麻花。麻花与体育的结盟，丰富了乡亲们的文化生活。

图 4-1　混凝土标准篮球场

第五篇　村庄人居环境及生态家园建设

一、村庄人居环境建设

村庄人居环境建设是一个综合复杂的建设过程，它不仅包括住宅建筑工程、道路环境工程、绿化美化工程，还包括污水处理、垃圾消纳、厕所改造、环境治理、防灾规划等。

（一）村庄人居环境建设概述

在新农村建设中，坚持以旧村改造为主的建设方式；在经济条件比较发达的地区和村庄，在农民自愿的前提下，可以重新规划新村建设；对于地质灾害频发区、人畜饮水困难地区、采空区可以采取整村搬迁的方式。

不管是旧村改造，还是新村建设，都必须坚持以发展生产为主；以保护环境，走可持续发展的道路为主；坚持规划先行，合理有序建设为主；坚持农民自愿，不搞强行摊派为主；坚持集约利用土地，人口向城镇集中为主。

坚持以发展生产为主，这是新农村建设的基础。浙江有个“航民村”，党支部和村委会一帮人，大力发展杭州丝绸产业，从产前、产中和产后管理入手，种桑养蚕、抽丝织锦、印染创新、服装出口创汇，成为浙江环境优美的富裕村；北京有个“韩村河”，依靠建筑业致了富，在党支部和村委会的领导下，大力发展与建筑相关的企业，成为远近闻名的新农村。只有生产发展了，村民兜里有了钱，建设新村的愿望才会强烈，村容整洁、环境优美的农村城市才会出现。

坚持保护环境，走可持续发展的道路，是解决新农村建设长远发展的大计。旧村改造要着眼于长远利益，立足于资源的节约与综合利用，切实保护好生态环境，加强环境综合整治，大力发展循环经济，推广使用新材料、新能源、新技术、建设节能省地、防震防灾型住宅，实现经济、社会和生态的可持续发展。四川九寨沟的经营模式，就让人看到了环境保护给村民带来的实实在在的实惠。

坚持规划先行，合理有序建设，是新农村建设必须首先解决的大问题。多年来，不管是旧村改造，还是新村建设，常常是在无规划方案的情况下作出的，土地浪费、有新房屋而无新村的情况时有发生；有的地方没有按照有关程序报批，存在无序建设的问题；有的建设没有依据所在乡镇的乡镇总体规划和土地利用总体规划，浪费了资源也浪费了土地。

坚持农民自愿，是新农村建设的最大特点。只有充分发动群众，充分依靠群众，才能把惠及中国百姓的新农村建设好。试点村改造要尊重农民意愿，充分发挥农民在旧村改造中的主体作用，调动和发挥农民的积极性和创造性，统筹经济发展、产权制度改革、就业安置、社会保障等方面的工作，提高农民的收入水平；切不可搞政绩工程，要使新农村建设成为村民的放心工程。

坚持保护耕地，集约利用土地。中国经济学家预言：土地集约化、人口向城镇的集中和工业向开发区集中，从节约的角度预示了将来土地、人口和产业的未来。新农村改造的建设用地要严格控制在村庄占地范围内，严格控制占用农用地，严禁占用耕地，特别是基本农田，严禁开山造地、填河造地、毁林造地，要节约并集约利用土地；新村建设必须考虑本村的经济基础、就业环境和生产力发展水平，集中有利于集体供暖、供水和卫生环境的改善；但山区旧村改造，可以坚持依山傍水，不搞排房建设，依山而建既是对地理环境的依托，又适宜旅游业的发展。

(二)户厕及公厕改造

厕所是城市和农村区别最大的建筑，也是新农村建设中卫生要求最高、城里人最挑剔的地方，特别是民俗旅游户厕所建设，对其收入影响很大。

1. 改建户厕标准

(1)厕内面积。不小于 2 m^2，砖(石)混结构。

(2)地面建筑。门、窗、墙、顶齐全，地面硬化。

(3)地下建筑。三格化粪池容积基数为 0.5 m^3，每增加 1 人，三格化粪池容积增加 0.5 m^3。

(4)坑底用碎石或砖块铺底，浇筑 10 cm 厚的混凝土，过粪管长 70 cm，安装角度为 30°～60°，对角安装。

(5)贮粪池顶部必须安装盖板，盖板应使用钢筋混凝土预制，厚度不小于 5 cm。第一化粪盖板处安装排气孔。

(6)厕屋内卫生应保持清洁，便器要进行刷洗，保持洁净。

(7)贮粪池密闭，粪便处理达到沼气发酵卫生标准。

(8)安装冲洗设施。

2. 改厕重点户标准

改厕的重点户是指民俗村开展旅游业务的农户。

(1)达到改建户厕 8 条标准。

(2)厕内面积不小于 4 m^2，三格化粪池容积不小于 6 m^3。

(3)厕内装饰瓷砖，安装洗手设施，有取暖、洗浴设备。

3. 农村公厕标准

农村公厕包括供村民共同使用的厕所，依据全国爱卫办和联合国儿基会编制印发的《中国农村卫生厕所技术指南》为蓝本，其设计可参照“城市公共厕所规范和设计标准”(CJJ 14—1987)和“城市公共厕所卫生标准”(GB/T 17217—1998)的基本要求并结合各地农村实际情况建造。

公厕应当适用卫生、经济、美观、易于清运粪便。

(1)地址选择。地势较高，不易被雨水淹没，且使用者容易到达之处；与饮用水源有一定的距离。

(2)建筑水平。厕屋地面比室外高 150 mm 以上，屋顶高度：无天窗 3 500～4 000 mm，有天窗可略低一些。

(3)采光面积与地面面积之比。不低于 1∶6。

(4)蹲位尺寸。(1 000～1 200)mm×(900～1 000)mm。

(5)冲洗设施。采用防冻、脚踩的冲洗装置。

(6)通道宽度。单排蹲位 1 300 mm，双排蹲位 1 500 mm。

(7)蹲位间隔墙高度。不低于 1 200 mm。

(8)窗台高度。窗台下沿离地面不低于 1 500 mm。

(9)地面设计。为防止对土壤和地下水的污染且易于洗刷和清洁，厕内地面应采用不透水材料。地面要有 1%～1.5%的坡度并设地漏。

(10)三格化粪池粪便处理设施应不渗漏，池盖坚固紧密，掏渣口、掏粪口应高于地面以防雨水流入。

4. 三格化粪池厕所的基本原理、构造及管理

三格化粪池厕所是由三个相连的池子组成，各池之间由过粪管联通。粪便处理主要利用腐化发酵、机械阻挡、缓流沉卵、密闭厌氧的原理。粪便在池内经过 30 d 以上的发酵分解，中层粪液依次由 1 池流至 3 池，以达到杀灭粪便中寄生虫卵和肠道致病菌的目的。第 3 池粪液成为优质肥料。

新鲜粪便中的氮素以蛋白质形态存在，是复杂的有机化合物，不能被植物吸收，必须在细菌的作用下，分解成简单物质才能被植物吸收。三格化粪池有将新鲜粪便

分解面简单物质的功能。

(1)基本原理(图 5-1)。

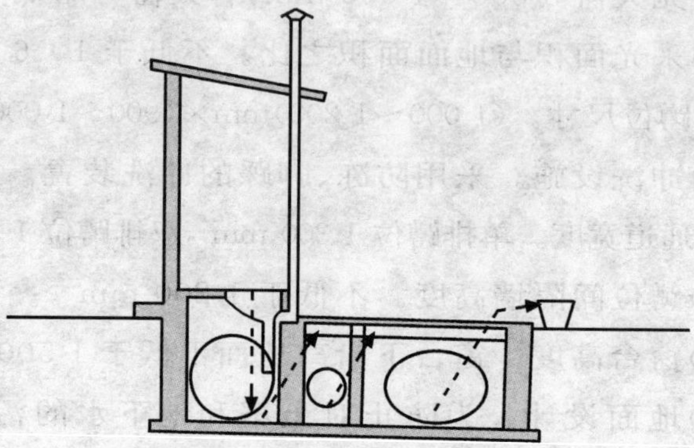

图 5-1　三格化粪池厕所工艺流程示意图

说明:三池体积比例 2∶1∶3,过粪管
勿装反,用粪要取第三池

①腐化发酵:新鲜粪便由进粪口进入第一池,粪便在池内开始腐化发酵分解,因比重不同粪便可自然分成 3 层,上层为糊状粪皮,中层为比较澄清的粪液,底层为块状或颗粒状粪渣。在上层粪皮和下层粪渣中含寄生虫卵和细菌最多,中层含虫卵最少。

②机械阻挡:由于过粪管位置低,中层粪液逆流至第二池,形成机械阻挡,阻止了新鲜粪便进入第二池。

③缓流沉卵:池内粪液流动缓慢,寄生虫卵比重大于

粪液，经过一定时间寄生虫卵渐渐下沉到池底，这就是缓流沉卵的作用。

④密闭厌氧：化粪池密闭的情况下，分解粪中的蛋白质有机物，并产生氨物质，同时粪便在发酵时消耗了氧气。氨物质可杀灭病菌和寄生虫卵。

发酵的中层粪液经过过粪管逆流至第二池，未经充分发酵的粪皮和粪渣阻留在第一池继续发酵。流入第二池的粪液继续发酵分解，虫卵继续下沉，病原体逐渐死亡，粪液得到无害化处理。

流入第三池的粪液已经腐熟，其中的病原体和虫卵已基本杀灭，可直接用于农作物施肥。第三池主要存储无害化粪液。

(2)三格化粪池厕所的组成。三格化粪池厕所由便器、滑粪道、过粪道、贮粪池4部分组成，厕所平面图如图5-2所示。

①便器：有蹲式、坐式两种，以陶器、塑料为多见。坐式坐便器多用于室内或有自来水的地方。陶瓷便器采用直通式与滑粪道连接。便器应首先选用陶瓷便器。使用带有回水弯的便器，厕屋内温度必须控制在0℃以上。使用非水封便器，必须安装防臭挡板，同时在第一池安装排气管，排气管可将第一池粪便发酵产生的气味及粪尿本身的气味排出，减少厕屋的臭味，提高用厕的舒适性。

②滑粪道：滑粪道用砖、石块垒砌或塑料管、铸铁管、水泥管均可。砖、石块垒砌的滑粪道两侧及底部放置玻

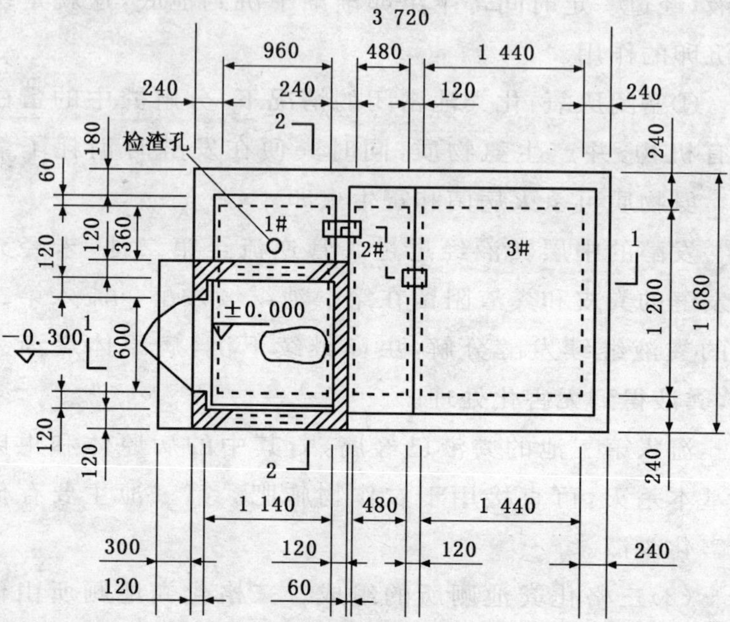

图 5-2 厕所平面图

璃,增加滑度。各类管件要求内壁光滑,防止结粪。北京地区统一使用市爱卫会配发的双重防臭滑道。

③过粪道:过粪管使用内径 10 cm 的 PVC 塑料管,也可用陶管等其他材料。要求内壁必须光滑,有一定的强度,与隔墙连接部分必须固定。过粪管两端切口应与过粪管本身成 90°,不得再行切割。过粪管的安装为三格化粪池建造的关键,关系到粪便流动方向,流程长短,是否有利于厌氧发酵和能否有效阻留粪皮、粪渣以及保持

一二池的有效容积。第一格与第二格之间的过粪管长度应不小于 70 cm，第二格与第三格之间的过粪管应不小于 50 cm。

过粪管安装时应采取斜插(//)式。

过粪管的进粪口位置要置于寄生虫卵较少的中层粪液，过粪管位置较好的设置应分别斜插安装在两堵隔墙上，其中第一格到第二格过粪管下端(粪液进口)位置在第一池的下 1/3 处，上端(粪液出口)在第二格距池顶 10～15 cm。第二格到第三格之间的过粪管下端(粪液进口)位置在第二格的中部 1/2 至下 1/3 处，上端在第三格距池顶 10～15 cm。

④贮粪池：贮粪池由砖、石块、水泥浇制、预制板均可。由砖、石块砌池，池内壁水泥砂浆抹面。根据地形条件贮粪池可摆放成"目、品、丁"字型，容积达到贮粪 2 个月为宜。贮粪池有效深度不少于 1 m，1～3 格容积比例为 2∶1∶3。如不需要粪肥，第三池内壁抹 1/2 水泥砂浆面，上部可渗漏。盖板可自行预制，要做到既密闭又便于清渣和取粪。

⑤贮粪池容积计算方法：贮粪池容积应根据使用人数、粪便发酵时间、沉卵灭菌的要求来决定。一般我国通用计算参数是每人每天的粪尿排泄量，包括使用少量的冲厕用水在内，按 3.5 kg 计算。粪便发酵时间和沉卵灭菌按 40 d 计算，其中第一池需停留 30 d，第二池需停留 20 d。第一池和第二池的容积分别按此停留时间计算。

第三池的容积一般为第一池与第二池之和。

⑥粪池容积的理论计算公式如下：

$$粪池容积=\frac{排粪尿量/日、人\times 使用人数\times 天数\times 30\%}{\times 1\,000}$$

举例：3 口人之家，排粪尿量/日/人，按 3.5 kg 计，粪便贮存时间 30 d，求一二池有效容积。

$$第一池有效容积=\frac{3.5\times 3\times 20\times 30\%}{1\,000}=0.21\ m^3$$

$$第二池有效容积=\frac{3.5\times 3\times 10\times 30\%}{1\,000}=0.11\ m^3$$

第三池是第一池、第二池之和。

在实际施工中要比计算结果高出 300%。按 300%计算，第一池为 0.63 m^3，第二池为 0.33 m^3，第三池为第一池、第二池之和即为 0.96 m^3，合计为 1.92 m^3。

表 5-1 贮粪池容积、长度实际推广参考表 m

序号	使用厕所人数	粪池容积(长×高×宽)			
		合计	1#池	2#池	3#池
1	2	1.2	0.4	0.2	0.6
2	3	2.0	0.6	0.4	1.0
3	4	2.6	0.8	0.5	1.3
4	5	3.0	1.0	0.5	1.5

注意：池内有效高度 1 m，实际高度 1.2 m，池内宽度 0.5 m。

更为简便的方法是，3 口之家的贮粪池容积按 2 m^3 计算，每增加 1 人，贮粪池容积增加 0.5 m^3。

贮粪池的第一格、第二格和第三格应按照 2∶1∶3

的比例建造。化粪池上沿应高出地面 2～5 cm。

⑦三格化粪池设计图纸：本设计图纸取自《中国农村卫生厕所建设技术指南》。

(三)生活垃圾密闭化管理

垃圾密闭化管理是改善农村人居环境，引导和帮助农民切实解决农村污水乱流、垃圾乱倒等问题，改善农村环境卫生的重要环节。要积极试行农村生活垃圾“村收集、镇(乡)运送、县(区)处理”模式，提高农村垃圾无害化处理水平。

生活垃圾密闭化管理顾名思义就是垃圾从产生到处理的全过程不能暴露。而从管理角度讲描述的则是一种管理方式或者说是一种管理标准，是指管理者在对垃圾进行管理的标准。它包括三方面的内容：一是设施建设要达到密闭的标准，垃圾在各个环节的设施当中都不应暴露；二是要有专业的清扫保洁队伍对垃圾进行管理；三是要建立垃圾管理的专项运行资金渠道。只有如此，垃圾密闭化管理才能收到长期的效果。

1. 生活垃圾密闭化管理的意义

①社会发展到一定阶段，由于垃圾对环境产生的负面影响使社会经济运转成本加大，垃圾问题成为制约经济发展的重要问题。

②环境卫生关系到人民群众的身体健康，垃圾会诱发疾病的传播。因此，垃圾的治理直接影响着环境卫生和社会公共卫生安全。

③环境卫生面貌关系到该地的形象,影响着该地的地位。

④是衡量社会主义新农村建设的一项重要内容和标准。

2. 生活垃圾密闭化实施原则

(1)以规划为先导的原则。规划是龙头,环境建设要从新农村发展长远考虑,既要符合“环卫专业规划”的要求,又要满足该地的实际需求。同时,环卫设施建设和运行管理与新农村建设要同步进行。

(2)以建立长效管理机制为目的的原则。垃圾密闭化管理应注重长期效果,环卫设施建设和运行管理就要从长远考虑,建立起确保长效管理的机制,使管理效果长期稳定地保持下去。

(3)因地制宜的原则。不同的地区特点、不同的人口结构和分布、不同的机构体制可有不同的垃圾密闭化管理模式。可分为:

①村收集、(乡)镇运输、县(区)处理的管理模式。

②环卫专业机构全过程管理的模式。

③区域管理的模式。

3. 生活垃圾密闭化设施建设

(1)设施分类。按照作业环节,垃圾密闭化管理设施分为收集设施和运输设施两部分。

①收集设施:主要指垃圾收集站,分为建筑型和容器型。

建筑式垃圾收集站：建筑式垃圾收集站包括垃圾楼、地下箱站、小型垃圾中转站以及其他有建筑设施的垃圾收集站。

容器式垃圾收集站：容器式垃圾收集站包括垃圾桶、垃圾箱、果皮箱等。

②运输设施：主要指运输车辆，它包括机动车和非机动车。

机动车主要包括：压缩车、自卸车、单臂吊车、电瓶车等。

非机动车主要包括：三轮车、手推车等。

(4)生活垃圾密闭化建设要求及标准。垃圾密闭化管理设施建设在数量上要覆盖管理范围以内所有垃圾产生源，质量上要达到垃圾从产生源头到处理场之间的密闭无暴露的收集和运输。

①楼房居住小区

收集形式：一般采用以垃圾楼、垃圾桶为主的收集方式，运输车辆可采用单臂吊式垃圾车或压缩式垃圾车（车辆应选用 6 t 以上），垃圾站内收集设备性能具有密闭、压缩功能。

建设规模：根据服务区域内垃圾量确定，并达到收集半径合理，收集设施间隔无空缺、与周边建筑物相协调，有一定的防护距离。

建筑面积：垃圾楼 80～100 m^2。

②平房居住区

距垃圾处理场运距小于 15 km 的村庄：应采用垃圾桶配合压缩式垃圾车的垃圾收集方式，直接将垃圾运送到处理场。

距垃圾处理场运距大于 15 km 的村庄：

——压缩式垃圾车(6 t 以上)可进村内道路入户收集的应采用垃圾桶的收集方式，直接将垃圾运送到处理场。

——压缩式垃圾车(6 t 以上)不能进村内道路的，应采用三轮车或电瓶车(配合垃圾桶)入户收集后转装到压缩式垃圾车运送到处理场。

——乡镇建有小型垃圾中转站(有压缩功能)，辖区内的村庄可采用小型密闭式垃圾车入户收集转运到小型垃圾中转站，转装到大吨位垃圾车(一般为单臂吊式垃圾车)运送到处理场。

垃圾收集站设置位置应固定：既方便居民使用，又不影响市容观瞻，且利于垃圾的收集和清运。垃圾收集站与周围建筑物间隔不少于 5 m。

容器数量按服务人口、垃圾日产生量及方便使用的原则设置：垃圾桶(240 L)式收集站与住户最远距离不超过 100 m(或步行不超过 2 min)设置，每站可设置 3～5 只，也可每户设置小型手提式垃圾桶。

垃圾收集容器应符合密闭环保的要求：投放口盖有脚踏起落装置，或采取其他便于使用管理的结构。

依据各容器式垃圾站的日垃圾量(原则是日产日清)

配置车辆：一般以每150～200个桶配备1辆垃圾收集车。

4. 生活垃圾密闭长效机制

垃圾密闭化管理核心是保持长效，除了设施建设外，运行管理更加重要，运行管理与设施建设同步是把握的关键内容。

(1)村镇是垃圾收集的前沿，是垃圾密闭化管理的关键环节。因此，以村为单位建立垃圾密闭化管理专职队伍是保持长效的最有效的保障。同时要制定相应的管理制度，明确管理职责，落实责任范围，建立奖优罚劣的管理机制，使垃圾密闭化管理工作切实有效地开展下去。

(2)建立专项经费渠道，提供垃圾密闭化长效管理的必备条件。建立市、区、乡(镇)三级资金保障机制，乡(镇)保证专职队伍的运行经费，区财政承担部分建设资金和垃圾处理费，市区财政给予建设资金和运行经费的补助。

根据地区特点、垃圾的成分与分布、设施的特点、垃圾的处理方式以及处理工艺，初步测算和汇总出垃圾管理运行费的参考数值为：村内的垃圾收集费每吨5～10元；运输至垃圾处理场的费每吨20～40元；无害化处理费每吨30～50元。

(3)保障措施

①实行市场准入制度：根据《市政公用事业特许经营管理办法》(建设部令第126号)对承担城市垃圾处理设施建设运营企业进行管理。

②执行特许经营办法：政府对城市垃圾处理企业以

及项目建设给予财政补贴，保障从业企业在满足社会公众利益的前提下获得合理的商业利润，推动城市垃圾处理向市场化发展。

③建立市场竞争机制：为实现投资主体多元化，运营企业化，运行管理市场化，形成开放式、竞争性的建设运营局面，进一步改革价格机制和管理体制，鼓励各类所有制经济积极参与投资和经营，逐步建立与社会主义市场经济体制相适应的投融资和运行管理体制。

④落实相关优惠政策：

——积极为垃圾焚烧厂生产销售的电力争取增值税即征即退政策。

——积极为垃圾处理企业争取5年内减征或者免征所得税的政策。

——对新建城市垃圾处理设施采取行政划拨方式提供项目建设用地。投资、运营企业在合同期限内拥有划拨土地规定用途的使用权。

（四）新农村建设的污水处理技术

1. 农村污水的来源及特点

（1）农村污水的主要来源

①农村居民日常生活产生的污水。

②学校、机关、民俗旅游、宾馆饭店排放的污水。

③畜禽、鱼类排泄物。

④乡镇企业排放的各种污水。

(2)农村污水的类型及特点

①综合生活污水：主要来源为当地居民、民俗旅游、宾馆饭店以及区内企事业管理单位。特点有：污水浓度和组成变化大；排放点数量多且分散，排放量相对较小；固体悬浮物含量少且多为无毒物质；含氮、磷、硫和油脂多；含有纤维素、淀粉、糖类、脂肪、蛋白质、尿素等，在厌氧性细菌作用下易产生恶臭；含有多种微生物如细菌、病原菌，易使人传染上各种各样疾病。

②水产养殖业污水：主要是为旅游者服务性质的人工饲养垂钓和餐饮围水养殖。特点有：污水浓度较低且组成变化一般不大；排放点较集中且量很大；固体悬浮物含量较多；含氮和磷多。

③畜禽养殖业污水：主要是养牛、养猪、养羊和养禽业产生的污水。特点有：污水浓度很高但组成变化不大；排放点集中但量较小，养禽业废水具有周期性；恶臭严重，氨氮浓度特高，常规的厌氧-好氧处理难以实现氨氮达标排放；固体悬浮物和胶体物质含量较多且难过滤；含有多种微生物如细菌、病原菌，易使人传染上各种各样疾病。

(3)农村污水的危害。污水不经适当处理，任意排放，会造成以下危害：①影响农村人居环境；②滋生蚊蝇，便于细菌繁殖，散播传染病病源；③降低河流水质，导致鱼类等水生动植物死亡，破坏河流正常生态系统；④导致水库富营养化，破坏地表水源；⑤污水下渗，污染地下水，影响农民安全饮水；⑥浪费水资源。

2. 有关污水排放的法规标准

(1)法规要求

①中华人民共和国水法。

②中华人民共和国环境保护法。

③中华人民共和国水污染防治法。

(2)标准要求

①地下水质量标准(GB/T 14848—93)。

②地表水环境质量标准(GB 3838—2002)。

③污水综合排放标准(GB 8978—1996)。

④城镇污水处理厂污染物排放标准(GB 18918—2002)。

⑤畜禽养殖业污染物排放标准(GB 18596—2001)。

⑥水污染物排放标准(DB 11/307—2005)。

3. 几种农村小型污水处理技术介绍

(1)智能化小型生活污水处理系统(CWT-M)

①工艺:智能化小型生活污水处理系统如图 5-3 所示。其工艺流程图如图 5-4 所示

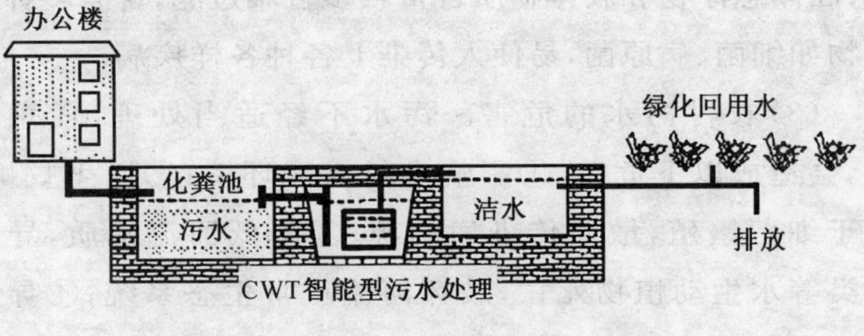

图 5-3 智能化小型生活污水处理系统

图 5-4　智能化小型污水处理系统工艺流程图

②出水水质：出水达到《城市污水再生利用 城市杂用水水质》标准。

③特点：结构紧凑，占地面积小，自动化程度高；脱氮除磷效果好，出水可直接用于回用；污泥浓度高，处理效果好，剩余污泥很少；无臭味，不产生二次污染；处理规模从几吨至几十吨，适用于村落、农家院、民俗旅游点、小型养殖场、食品加工厂、培训中心分散污染源的治理。

④费用：建设投资 3 000～8 000 元/t 污水；运行费用 0.3～0.5 元/t 水。

⑤注意事项：适用于不同浓度有机废水的处理，含大量重金属、油类、酸碱的污水需要进行前处理；适用于日污水排放量几吨至几十吨的排污点，水量设计要有余地，估测时要乘以 1.2～1.5，并且设置调节池；一般采用地埋形式以便冬季保温，地坑大小要与桶体相适应，坑底必须垫平以防桶体变形。地下水位过高时，应做防水措施，并防止雨水淹池；启动运行接种高浓度的污泥，系统要持续运行，注意微生物状况，防止微生物死亡；保持操作条件稳定，减缓膜堵塞，并定期清洗膜组件；停止运行超过 1 周，应放空污水，注入清水浸没膜组件。

(2)一体化膜生物反应器(MBR)

①工艺:一体化膜生物反应器的工艺流程如图 5-5 所示。

图 5-5　一体化膜生物反应器工艺流程图

②出水水质:出水达到各地《水污染物排放标准》。

③特点:出水水质优良且稳定可靠,可直接用于回用;处理规模从几十吨至几千吨,适用范围广,适用于村落、农家院、民俗旅游点、养殖厂、食品加工厂、培训中心分散污染源的治理。

④费用:建设投资 2 100～5 000 元/t 污水;运行费用 0.5～1.1 元/t 水。

⑤注意事项:含大量重金属、油类、酸碱的污水需要进行前处理;工程设计时,水量设计要有余地,估测时要乘以 1.2～1.5;水质水量变化较大的排污点要建污水调节池,池容按 6～8 h 进水量设计;预设反冲洗端口,定期清洗膜组件;考虑冬季防冻;保持低水通量过滤,合理的间歇操作模式及曝气强度,降低膜污染速率。

(3)生物通道

①工艺:生物通道工艺流程如图 5-6 所示。

原污水 → 格栅 → 沉砂池 → 潜流湿地单元 → 微曝气植物净化单元 → 排放

图 5-6　生物通道工艺流程图

②出水水质：出水达到《城市污水再生利用 城市杂用水水质》标准。

③特点：利用水生动植物复合生态系统净化污水；模块化设计、安装方便、地理条件适应性强；生态安全性高，二次污染小；实现全自动。

④费用：建设投资 1 500～2 000 元/t 污水；运行费用低于 0.2～0.3 元/t 水。

⑤注意事项：适用于污染物浓度相对较低，无生物毒性的污水，不能用于处理毒性较强的特殊工业废水；进水水量设计留适当余地，确保系统有较高的抗冲击负荷的能力；应充分考虑水生植物与环境的协同作用，合理配置水生植物群落；采用美人蕉、香蒲等吸收氮磷效率较高的植物；如果与湿地配合处理污水，湿地面积不低于 30 m^2/(t·d)；湿地进水要均匀。

(4)湿地处理系统

①工艺：湿地处理系统是将污水有控制地投配到生长着植物的土地上，利用土壤、植物和微生物等的作用处理污水的一种污水自然处理系统（图 5-7）。

人工湿地工艺流程如图 5-8 所示。

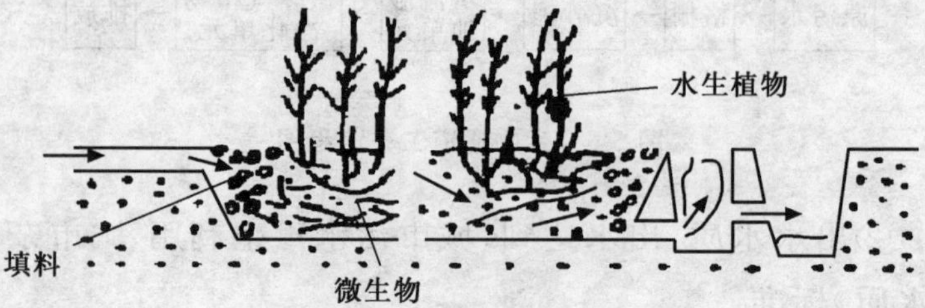

图 5-7 湿地处理系统示意图

进水 → 配水系统 → 氧化塘 → 潜流湿地 → 集水系统 → 出水

图 5-8 人工湿地工艺流程图

②出水水质：出水达到国家二级排放标准。

③特点：投资相对少，运行费用低；同时净化多种污染物；受污水水量、污染物浓度影响小；对于去除磷和氮等污染物，湿地有着独特的优势；可与生态景观的建设相结合；污染物负荷小，占地面积大，冬季无法运行。

④费用（以处理生活污水 30 t/d 计算）：建设投资 15.2 万元；运行费用低于 0.32 元/t 水。

⑤注意事项：要合理控制湿地运行的条件，如污染物负荷、水力负荷、水力停留时间；辅助一些人工措施强化处理效果。

4. 污水处理设施建设运行注意的几个问题

(1)小型污水处理设施的地点选择

①集中水源下游，主风向下方。

②在污水集中排放点附近，污水的水量水质比较稳定。

③安装地点有较好的安装、运行和维护条件。

④不能安装在洪汛期容易被水淹没的地点。

⑤最好能够地埋，这样容易冬季防冻。

（2）污水处理工艺的选择

①运行费用低、投资费用少、维护管理简便。

②根据各地区的经济发展情况和地理条件来选择合适的工艺；如鱼池废水处理工艺适用于微污染的水源处理，重污染的污水处理时不能采用。生通道适用于生活污水的处理等。

③对于富营养化区域，需要考虑脱磷除氮。

（3）污水处理设施的运行维护。污水生物处理方法要保持微生物生长状况良好，同时要考虑污水处理设备对周围环境的影响。如 MBR 和 CWT-M 要持续运行，注意微生物的状况，防止微生物死亡。鱼池废水处理工艺的设备通常噪声较大，应注意噪声控制，以降低其对人的影响。下面以智能化小型生活污水处理系统（CWT-M）和一体化膜生物反应器（MBR）为例说明小型污水处理设施的运行维护管理。

①智能化小型生活污水处理系统（CWT-M）的调试运行管理：进入 CWT-M 生物反应器的污水，通过鼓风机充氧，在 CWT-M 反应器内进行生物降解，经膜分离的清水通过抽吸泵或自流进入中水贮水池或达标排放。设备

可自动或手动控制。如发现CWT-M生物反应器运行不正常时，应及时处理或上报有关维修部门。调试操作人员必须熟悉本处理工艺和设施的运行要求与技术指标。

调试：设备安装完毕后，调试是正式运行前所必需的一项过程。对各种设备进行空车调试，达到要求才能转入下一步。调试需要经过以下过程：

第一步，先开动风机向反应器供气。观察风机运行情况，曝气系统工作情况。

第二步，然后向反应器中充入清水至满足浮球开启控制的要求水位高度（当反应器内水到达浮球高水位时，自吸泵自动开启，当水位降至浮球低水位时自吸泵自动停止）。

第三步，对各种设备进行带负荷调试运行1 h，直到设备运转正常。

注意：以上过程中出水泵只在第三步试出水5 min，观测出水泵工作是否正常、真空表是否正常及出水管路情况，不得长时间开出水泵。

微生物驯化培养直至水质达标：

第一步，通入污水达到高水位，通入污水的同时开动风机。在不进水的情况下曝气24～48 h。建议接种活性污泥以加快培养过程。

第二步，当反应器内污泥浓度超过1 500 mg/L时才可开启抽吸泵并使其处在自控状态，此时出水量不要太大，控制在额定值的1/3～1/2。同时控制进水与出水量一致。

第三步，当反应器内污泥浓度超过 3 000 mg/L 且出水水质达标后才可调整出水量达到额定值。

以上过程，当污水温度为 15～20℃时，此阶段大约需要 30 d 的时间。

通过接种污水处理厂的活性污泥使反应器初始污泥浓度为 1 000 mg/L 时，可以缩短微生物驯化培养时间1/3～1/2。冬季培养可能需要 30～45 d 时间。

运行：启动设备前应做好准备工作。CWT-M 采用自动和手动两种模式。初期运行控制真空表的真空度小于 0.02 MPa。

自动模式时，水泵依据设定的程序以下面的方式自动运行：出水泵与风机联动，风机停出水泵自动停；CWT-M 内的浮球处于高水位时，水泵自动启动，在水位降至低水位之前水泵按 15 min 为一周期（开 12 min 停 3 min）运行，当水位降至低水位时水泵自动停止；当膜堵塞造成真空表的真空度大于 0.05 MPa 时报警停机，手动才能复位。CWT-M 反应器无论采用何种运行方式，都可通过调节污泥负荷、污泥泥龄或污泥浓度等方式进行工艺控制。正常情况下反应器内污泥浓度为 5 000～8 000 mg/L，溶解氧浓度不小于 2 mg/L。

注意：环境温度低于 0℃时，停止运行时，必须放掉系统内的存水，以免结冰，冻坏设备。

②一体化膜生物反应器（MBR）的调试运行管理：调

试是正式运行前所必需的一项过程。按照生产厂家的要求,分别对各种设备进行空车调试,达到要求才能转入以下过程:

清水联动试车,检查水位高度是否满足设计要求,考察机械设备的运行状况。

污水联动试运行直至水质达标,并在此阶段进行自动控制联动。

工艺调试主要为活性污泥的培养和驯化。一般的接种物为城镇污水处理厂的活性污泥或相关污水处理厂的活性污泥。活性污泥的培养和驯化分为两个阶段:

间歇培养:只曝气而不进水称为闷曝。闷曝 3～4 d 后,停止曝气,静沉 1.0 h,然后进入部分新鲜污水。如此进行 3 个循环过程。每次进水量需根据培养过程逐步增加,闷曝时间应逐步减少。

连续培养:当曝气池内有一定的活性污泥时可以连续培养。连续培养开始是采用小流量的连续进水曝气。

为提高培养速度,缩短培养时间,应在进水中增加营养。温度对培养速度影响很大。温度越高,培养越快。因此,一般不在冬季培养污泥。污泥培养初期,曝气量控制在设计正常曝气的 1/2 即可。一个曝气池培菌成功后,可将其活性污泥引至其他曝气池作为菌种。

调试过程对于好氧工艺一般需要 2～3 周的时间。

调试合格后,正式进入运行过程。运行分为以下几步:

第一步，启动设备应在做好启动准备工作后进行。一体化生物反应器采用可编程序控制器（PLC）控制。整套设备采用 PLC 全自动控制运行。

第二步，过滤操作是间歇进行的。这样运行防止膜表面的孔内积累太多的悬浮物。根据暂停的期间不同，抽吸运行时间占操作的 80%～90%（也可以利用水的该产生的压差作为动力）。曝气池无论采用何种运行方式，应通过调节污泥负荷、污泥泥龄或污泥浓度等方式进行工艺控制。

第三步，曝气池的溶解氧浓度宜不小于 1.5 mg/L，除非工艺有特殊要求。当曝气池水温低时，应采取适当延长曝气时间、提高污泥浓度、增加泥龄或其他方法，保证污水的处理效果。应每年放空清理曝气池 1 次，清通穿孔管，检修曝气装置。

如果长时期使用膜组而没有进行化学清洗，膜表面的物质变坚实，再进行化学清洗效果就不好。当膜间压差比初期压差高 20 kPa 时有必要进行清洗。清洗的方法有以下几种：

化学试剂：通常使用次氯酸钠。同时也使用氢氧化钠和盐酸。用碱清洗有机物质，同时用酸清洗无机物质如铁锈。

循环化学试剂清洗方法。化学试剂清洗方法的正常运行如下：从抽吸泵的一端喷出次氯酸钠的水溶液到另一端，然后在中空纤维中循环约 1 h。循环后，化学溶液用清水，如自来水替代，然后恢复原来的运行。

浸泡清洗方法。当通过循环化学试剂清洗不能恢复压差时使用浸泡的清洗方法。

注意：化学清洗一般应由有经验的专业人员进行。

5.新农村建设中污水问题的解决思路

(1)统筹规划，实行雨污分流。充分吸收城市管理经验，在村庄改造及建设时，将雨水系统和污水系统分开设置，防止雨污合流，充分利用雨水。

(2)因地制宜，分类指导。对于来源不同、所产生地点不同的农村污水应采取分类指导，对污水的处理方式方法有一定的区别。对于人口小、污水量少的自然村等地区可以完全利用大自然的净化能力，利用土地和河流的自净能力来净化污水，无需建设污水处理设施。对于人口相对集中，经济相对发达，处于重要水源保护区的地区，逐步推行小型污水处理设施分散治理污水。对于平原地区人口较为密集的村镇，可以建设处理规模较大的污水处理设施，集中处理污水。

(3)采纳先进，实现就地回用。提高小型污水处理技术水平，引进投资合理，安装方便，运行费用低廉，可靠高效，运行管理维修简便的成熟技术，或者对已采用技术进行适当的改进。污水处理后尽可能的就地资源化利用，既减少了成本又节约了水资源。

(4)强调管理，做到建而不废。对农村污水的处理，应该建立处理设施运行管理的长效机制。对水源保护区农村生活污水处理，国家应通过公共财政进行建设，并对污水处理设施运行维护进行补助。对政府扶持的山区养殖场、民俗旅游点等，其污水处理设施的建设投资应以自主投资为主，政府可以提供一定的资助，但其运行和维护费用应自行承担。对于完全赢利性的企业则应通过法律监督的手段，让污水排放者自主建设污水处理设施并自行负责运行管理和维护。

（五）人居环境防灾规划

人居环境的好坏与安全，直接关系到人民群众的人身安全和财产安全，必须引起政府部门的高度重视。

对于以下地区，建议采取搬迁的方式永久地解决居住环境问题：人畜饮用水困难地区；地质灾害频发地区；采空区。对于泥石流易发地区、火山喷发区、机场等噪声高频区建议采取安全距离隔离的方法解决人居环境的自然灾害侵袭。

二、生态家园建设

农民是生态环境建设和保护的主体，实施农业的可持续发展，最重要的是调动广大农民的积极性，靠效益来吸引农民，发挥他们的作用。长期以来，西部地区的广大农民为了脱贫致富，在生产上主要是采取毁林开荒、开垦草原、广种薄收和超载过牧的粗放式生产经营方式，导致西南地区大面积坡耕地的水土流失和西北地区草地的严重破坏、草地退化、沙化面积不断扩大，植被过度的采伐利用，加剧了能源的短缺，形成了能源短缺、过度樵采、能源更加短缺的恶性循环。为改变这一状况，促进国家一退三补政策的顺利实施，国家提出并实施了生态家园富民计划，使农民在改善生活质量、提高收入的同时，不再去砍柴搂草，使国家退耕还林、还草的政策得以实现。另外，生态家园建设也是农村可再生能源建设自身发展的需要，我们国家的可再生能源建设起步于 20 世纪 70 年代，当时主要是为解决农村能源严重短缺问题；80 年代中后期，随着经济的发展，农村能源严重短缺的矛盾得到缓解，农民使用清洁方便的能源要求日益迫切，农村可再生能源建设也转向开发优质能源；进入 90 年代中期，随着我国生态、资源、环境问题的突现，农村可再生能源建设开始进入社会经济和生态环境建设的主战场，得到了各级政府和各界的重视。农业部抓住这个有利时机，根据农村和农业发展的实际，突破了就能源抓能源的单一工作思路和方式方法，把农村可再生能源建设与农民生活、农业生产、农民增收和生态环境保护紧密结合起来，在地方各级政府和有关部门的大力支持下，通过科技创新、试点示范、效益吸引，引导广大农民开展以沼气、太阳能、秸秆气化技术为重点的农村能源建设，取得了较大的经济、生态和社会效益。

生态家园富民计划的内容，就是通过各类成熟的可再生能源技术的优化组合，因地制宜地建设推广各类成功的能源生态模式，形成以沼气为纽带的一整套生态种植、养殖技术，同时把沼气建设与改橱、改厕、改圈、改路、改水、改庭院相结合，引导农民改变落后的生产、生活方式，达到解决温饱、实现增收和保护生态环境的目的。

生态家园富民计划主要做法包含两个方面的内容：一是在政策方面，引导农民按生态家园模式安排生产和生活。中央政府特别设立了农村小型公益设施建设补助资金，补助农村能源项目，对开展沼气等农村能源设施建设的农户提供补贴资金，各地政府也在土地使用等方面制定相应的优惠政策，等等。二是在技术方面，建设以农村户用沼气为纽带的各类能源生态模式工程，同时根据实际需要，配套建设太阳能利用工程、省柴节煤工程和小电源工程，使土地、太阳能和生物质能资源得到更有效的利用，形成良性循环，达到家居温暖清洁化、庭院经济高效化和农业生产无害化的目标。能源生态模式工程包括南方的“猪—沼—果”、北方的“四位一体”和西北的“五配套”等模式。太阳能利用工程包括太阳能热水器、太阳灶和太阳房。省柴节煤工程包括省柴节煤灶、炕连灶。小电源工程包括户用太阳能发电、小型风力发电和微水电。

(一)能源生态模式工程

“北方农村能源生态模式”，简称“北方模式”。这项技术是辽宁省农业科技人员研究创造出来的一种农业生态良性循环实用技术，即利用生态良性循环原理，把沼气池、畜禽舍（包括猪舍、牛舍、羊舍、鸡舍）和厕所，以结构优化的形式，建在用塑料薄膜覆盖的日光温室里，组成

"四位一体"综合利用生产体系。因为这个生产模式是由沼气池、日光温室、禽畜舍、厕所4项主要设施组成的，所以人们通常也把这个生产模式叫做"四位一体"生态生产模式。拥有这样一个模式，农民可以常年在这个"工厂化"的模式中利用无公害的有机肥，生产无公害的蔬菜、水果、肉、蛋产品，在生产中作物和畜禽产生的废物，通过沼气池的生物转化都能用于生活和生产中，还能得到沼气。

"北方模式"这项技术在农业生产、生活环境中有以下6大功能和作用：一是保温功能，使冬季模式内外温差可以达到25～30℃，使得北方冬季在冰雪覆盖、天寒地冻、零下气温条件下，能利用北方模式饲养禽畜，发展"名、特、优、新"无公害、无污染蔬菜和瓜果，做到"洋菜中种"、"野菜家种"、"南菜北种"和"夏菜冬种"，增强产品在市场的竞争力，提高了经济效益。二是供肥功能，一个8 m^3 的沼气池养猪4头，年可以提供沼肥16～20 m^3，相当于3袋尿素，且土地越种越肥沃。这样使原来闲置的农家院变成高效的商品生产基地。三是制取沼气的功能，一个8 m^3 的沼气池养猪存栏4头，一年可产沼气300 m^3，能满足一家日常照明和炊事之用，年节约资金200元左右。四是生产功能，每年可养猪5～15头，出栏由过去敞圈的10～12个月降到5～6个月，肉料比由6 kg饲料长1 kg肉降到3.5 kg饲料长1 kg肉。这就大大缩短育肥期，节约饲料，降低成本。五是净化环境功能，农村的畜禽舍、厕所都建在农户的庭院里，污水常年向地下渗透，使地下水源受到不同程度的污染。有了“北方模式”，人、畜禽的粪便和污水都流进到沼气池里，在这些废弃物中的各种有害细菌都将被杀死，蚊子、苍蝇也没有繁殖的地方，切断了有害病菌的传播途径，净化了环境。同时使废弃物达到无害化程度，避免了对地下水的污染。六是多业集约经营的功能，“北方模式”把种植业、养殖业、微生物结合起来，加强了物质的循环利用，形成无污染、无废料农业，养殖与种植通过沼气为纽带紧密联系在一起，形成一个完整的生产循环体系，以它先进的生产技术达到高度利用土地、劳动、时间、饲料、资金，达到集约化经营，获得三大效益的增长，促进农业向产业化方向发展。

南方的“猪—沼—果”能源生态模式，是以户为单元，以山地、大田、庭院为依托，采用先进技术，建造沼气池、猪舍、厕所相结合工程，并围绕农业生产，因地制宜地开展沼渣、沼液的综合利用。也就是说，这种模式是以养殖业为龙头，以沼气建设为中心，连通种、养、加工等产业，广泛开展沼气的综合利用。具体地说，就是利用猪粪和植物秸秆等废弃物下沼气池发酵，产生沼气后供农户烧饭点灯等，解决农村生活用能，利用沼肥浸种、施肥、喂猪、养鱼，形成农业废弃物—沼气池—农业生产这种往复循环的生产模式。这种模式的作用有：一是实现农村生活用能由烧柴到燃气的转变，保护和培植绿色资源，为维护和恢复大自然的生态环境治理了源头。二是开展沼肥综合利用技术，合理充分地利用农业废弃物资源，在农业生产系统中，实现了能流和物流的平衡和良性循环，以及多层次利用和增值，几乎成为一个闭合的生态链。这种以沼气建设为中心，以各种农业产业为载体，以利用沼肥为技术手段的生产模式，如“猪—沼—果”、“猪—沼—稻（麦、菜、鱼）”等等，使传统的农业生产的单一经营向链式经营转变，延长了产业链，减少了投入，提高了能量转化率和物质循环率，实现了增长方式的转变和生态经济系统的良性循环和经济、社会、生态三大效益的统一。

(二)太阳能利用工程

太阳能利用工程包括太阳能热水器、太阳灶和太阳房。这是一项简单易行的节能技术，我国太阳能资源丰富，利用太阳能具有得天独厚的条件。除贵州和四川外，其余大部分地区太阳日照都在 150 d 以上，西藏、新疆、甘肃、青海、内蒙古等地，每年都在 300 d 以上。太阳能热水器是一种通过直接吸收太阳辐射热来加热热水的装置，在我国有广泛的应用前景，列世界首位。太阳灶就是一种把太阳能收集起来，用于做饭、烧水的一种器具。太阳房通常是指采用一定措施，利用太阳能代替部分常规能源，使建筑物内达到一定温度的一种建筑形式，就是利用太阳能取暖或降温的房子。被动式太阳房按集热形式可分为以下 5 类：①直接受益式；②集热蓄热墙式；③附加阳光间式；④贮热屋顶式；⑤自然对流回路式。

（三）小型电源和省柴节煤工程

小型风力发电设备、户用太阳能发电等小电源工程是生态家园建设中清洁能源建设的重要内容；省柴节煤灶、炕连灶等省柴节煤工程是对不可再生能源的节约。

在生态家园建设中，能源生态模式工程、太阳能利用工程、小型电源工程和省柴节煤工程作为推动新农村建设，起到了很好的作用，对生态环境起到了很好的保护作用，在全国具有良好的推广前景。

第六篇 住宅规划与建设

我国幅员辽阔，各地自然条件有很大差异，山地与平原、内地与沿海，各具特点，村庄建设极不平衡。所以，村庄规划建设的内容和深度要从实际出发，因地制宜，科学有计划地进行建设，以适应农村现代化建设和广大农民生活水平不断提高的需要。

一、住宅区的规划设计

（一）村庄的总体平面布局

依照自然地形的差异，将村庄的总体布局分为 3 种形式。

（1）带状布局。这种布局形式一般是住宅沿着河堤或道路呈带状布置。这种布置形式具有采光通风良好，布局形式简单，距离耕地较近的优点。但此种布局形式不适合规模较大的村庄，会造成交通联系不便，对生产和生活有一定不良影响，因此该形式只适合规模较小的村庄。

（2）块状布局。块状布局即成片布局。其优点是居住集中，缩短了交通路线，节约了公共设施的服务半径，用地紧凑节约。但条件是必须有成片的用地，适用于地势平缓的山坡和丘陵，以及平原地区，对于大小规模的村庄都适用。

(3)自由布局。自然地形或道路、河流等将居住用地进行了分割，使其不能紧凑布置，只能依附自然地形布置各类建筑。为了避免布局上的紊乱感，应使建筑物的朝向有规律地变化。

(二)村庄住宅的形式

农村的人口密度较城市要小，生活习惯也存在差异，因此农村有其特有的几种住宅形式：

(1)独立式(图 6-1)。院落独立式住宅是指独门、独户、独院，不与其他建筑相连。这种形式的特点是，居住

图 6-1 独立式

环境安静、受周围环境的影响小；建筑四周临空、平面组合灵活，采光、朝向、通风好，房屋的前后左右均可朝向院落。此种方式的缺点是占地面积大，建筑外墙面积大。在一些用地紧张的地区，这种住宅形式是被限制使用的。

(2)并联式(图 6-2)。并联式是指两栋建筑拼连在一起，两户共用一面山墙。并联式建筑三面临空，平面组合较为灵活，采光、朝向、通风较好，并且减少了外墙面积，用地和造价都较为经济。

图 6-2　并联式

在一些经济发达地区，村庄住户建设采用了这种形式。

(3)联排式(图 6-3)。联排式是指将三户以上的住宅建筑进行拼连。这种形式在用地和造价上都比较经济，但其拼连户数不宜过多，因为建筑物过长则交通不便，相

图 6-3　联排式

互干扰影响比较大，而且不利于防火。一般来说，建筑物的长度在 50 m 以下为宜。

这种住宅形式适合于集体供暖、供水的小区住宅。

(三)院落式住宅的布置

我国传统的农村住宅是院落式住宅(图 6-4)，一般由 3 部分组成：居住部分、辅助部分、院落。

(1)居住部分。我国传统的居住形式大概可以分为 9 种，比如有四合院住宅，窑洞式等。其中长方形住宅是民宅的基本形式，中间为明间，左右对称，以三间最为普遍。然而在农村建筑中按房间的使用性质可以将其分为：堂屋、卧室、厨房。

图 6-4　院落式

①堂屋：堂屋是整个家庭起居的中心，相当于客厅，起到家人团聚接待亲友的作用。因此，堂屋的面积不宜过小，以 18 m^2 左右为宜。要求堂屋有良好的采光和通风。

②卧室：卧室是供睡眠和休息的场所。农村住宅中卧室一般是围绕着堂屋布置的，其大小要根据家中人口数量和实际用地情况考虑，大概每间卧室以 7～16 m^2 为宜。各房间平面布置要合理，不宜相互穿套。

③厨房：厨房主要是满足烹饪需求，在一些地区厨房还兼作储藏室来存放杂物和柴草之用，而且不同地区饮食习惯不同所用灶具有些差异，厨房的大小一般以 8～12 m^2 为宜。在布置厨房时一定要注意根据本地区的生

活习惯安排好灶台、操作台、洗菜池的位置，同时也要充分考虑能源设备的可扩展性。

（2）辅助部分。辅助部分主要包括厕所、禽畜圈舍、围墙门楼、沼气池等。这些设施都是居民生活和家庭副业生产所必需的，应当合理地布置，适应当地生活习惯、气候特点、经济条件。

①厕所：过去，受农村基础设施建设和经济发展的影响，多数村民住宅的厕所都安排在院落内。随着经济的发展，基础设施的改善、居住条件和要求的提高，为了节约用地，农村住宅已经开始向三层以下的低层住宅发展，厕所均设在楼房内，卫生条件有了很大改善。

②禽畜圈舍：养一些家禽家畜是农民的主要副业，禽畜圈舍要求一年四季都要照到阳光，并且要与居室有一定隔离，一般应设在后院或靠近院墙和大门的一侧。伴随着对居住环境要求的提高，目前很多经济较发达的地区，以提倡将禽畜集中饲养。

③沼气池：解决我国广大农村燃料问题使用沼气池是一种解决途径，既节约了能源又改善了环境问题。院落设有沼气池时，尽量和厕所、猪圈三者结合一起布置修建，要靠近厨房，选土质好、地下水位低的位置。

（3）院落。在村民住宅中多设有院落，院落中可种菜、种花，也可饲养禽畜或堆放杂物，其地面可采用水泥地面，也可采用土地面，无论哪种地面均应注意排水问题。

(四)住宅布置的基本要求

1. 日照

日照是指居室内获得太阳的直接照射。这主要是出于生理卫生的需要,因为阳光中的紫外线具有杀菌、抑制细菌繁殖和净化空气的作用。儿童的生长也离不开阳光,如长期得不到阳光的照射就会患佝偻病。阳光还具有强烈的热效能,在冬季能提高室内温度从而节约能源。并且阳光能促进花草、树木的生长,为人们提供美好的室外环境。因此,在布置住宅建筑时应处理好日照关系,在冬季应争取较多的阳光,在夏季则应尽量避免阳光照射时间太长。住宅建筑的朝向和间距很大程度上取决于日照要求,尤其在纬度比较高的北方地区,为了保证居室的日照时间,必须有良好的朝向和一定的间距;而在南方地区又要注意防止西晒的问题。根据住宅获得必要的日照时间来确定的建筑之间的合理距离,称为日照间距(图 6-5)。日照间距可用计算方法求得,一般采用冬至日和大寒日两级日照标准,即根据冬至日或大寒日正午前后居室获得的连续日照时数的多少来确定,并以太阳照射到住宅底层窗台面为计算依据。

$$D=\frac{H-H_2}{\mathrm{tg}h}$$

式中,h 为正午太阳高度角;H_2 为首层窗台下沿高度。

2. 通风

居住区的通风一般指自然通风,建筑群的自然通风

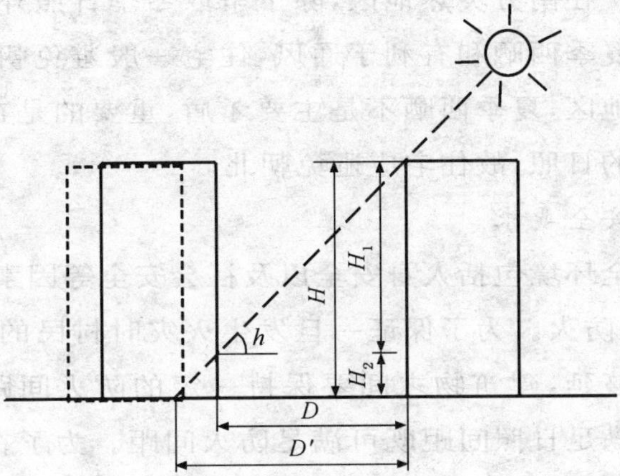

图 6-5 平地日照间距计算

与建筑的间距大小、排列方式，以及迎风的方向等有关系。一般说来，建筑间距越大，自然通风效果就越好，但为了节约用地房屋间距不可能太大，一般在满足日照间距的情况下就能够达到通风的要求。为了提高建筑的通风效果，应注意选择合适的朝向，使住宅迎向夏季的盛行风向（指夏季中所刮次数最多的风向），并且呈一定的角度。在某些寒冷地区，院落布置则要考虑防风沙和减少积雪，因而采用较封闭的院落。

3. 朝向

住宅的朝向与地理位置、日照时间、常年盛行风向、地形等因素有关，同时还要考虑到局部地区对气候的影响，比如靠近山谷或河湖，其昼夜之间的温差将引起风向的变化。在南方炎热地区，除了争取冬季日照外，还要注重防止夏季西晒和有利于通风，住宅一般避免朝西；在北方寒冷地区，夏季西晒不是主要矛盾，重要的是在冬季获得必要的日照，故住宅应避免朝北。

4. 安全要求

安全环境包括人身安全以及社会安全等因素。

(1)防火。为了保证一旦发生火灾时村民的安全，防止火灾蔓延，建筑物之间要保持一定的防火间距。一般情况下满足日照间距既可满足防火间距。为了在发生火灾时能及时灭火，除了在室内设置必要的灭火设施外，在室外还需设置消火栓。消火栓应沿道路设置，其间距不应超过 120 m，消火栓距路边不应超过 2 m，距房屋外墙不宜小于 5 m。

(2)防震。在我国地震烈度在 6°以下的地区不需进行抗震设防，烈度在 9°以上的地区不宜用作建设用地。在地震区，房屋的设计必须考虑抗震，房屋的体型一般应平直简洁；层数不宜太高；道路应平缓畅通，便于疏散，并布置在房屋倒塌范围之外(房屋的防震间距一般为两侧建筑物主体部分平均高度的 1.5～2.5 倍)；在规划时还应考虑设置安全疏散场地。安全疏散场地可结合公共绿地，或利用学校和公共建筑的室外场地。此外，考虑到地震时可能会引起供水中断，应在一定范围的住宅区附近被有第二水源，也可利用原有水井。

(3)交通安全。在村庄住宅区内的道路尽量要做到顺而不穿，通而不畅，可设计成曲折形、弧形、风车形等道路线形，使驶入的车辆能降低速度，已达到安全和安静的目的。

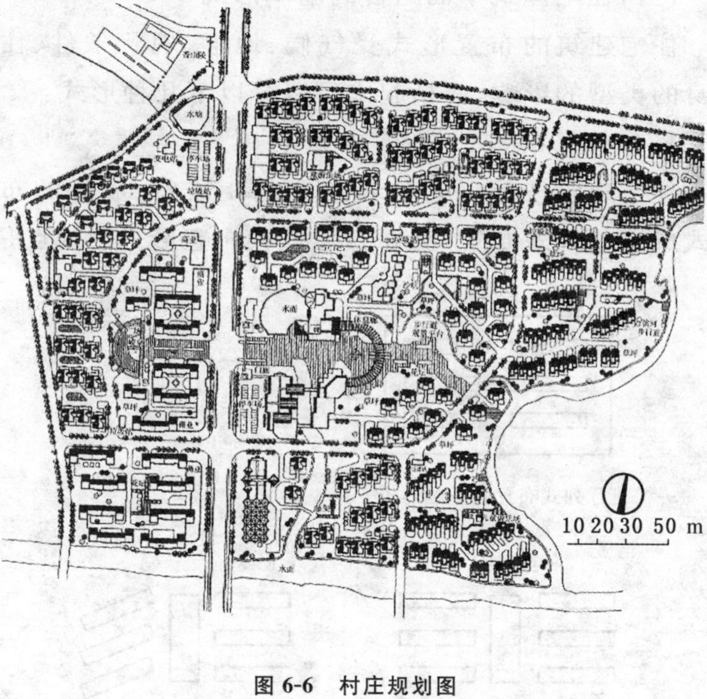

图 6-6　村庄规划图

（4）美观要求。在村庄中住宅所占比例很大，对整个村庄的面貌起着重要的影响作用。造型美观、色彩和谐、空间丰富、布局严谨又活泼，既有统一又有多样性，是使村庄面貌美的主要因素。村庄的居住区规划，应在适用、经济的前提下，将各类建筑、道路、绿化等物质要素，运用规划、建筑等手法，组成完整的、丰富的建筑空间，为村民创造明快、淡雅、亲切、富有生活气息的居住环境，并具有地方特色，避免呆板和千篇一律。

（五）住宅建筑平面组合的基本形式

住宅建筑的布置形式受气候、地形、现状条件、住宅本身的类型的影响，概括起来可以分以下几种形式：

1. 行列式布置

住宅建筑按照一定的朝向和间距成行、成排的布置形式成为行列式布置（图 6-7）。这种布置形式的优点是：

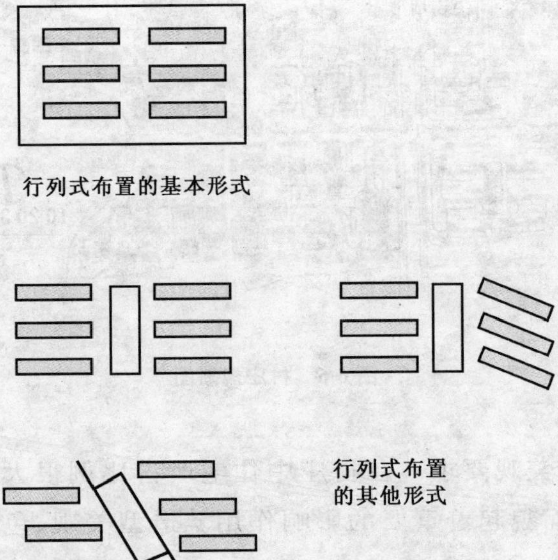

图 6-7　行列式布置的形式

能使每个住户都获得好的朝向和通风条件；其缺点是：处理不好会造成单调、呆板的感觉，而且容易产生穿越交通的干扰。为避免这些缺点的产生，可以采用山墙错落、单元错接、用矮墙分隔以及改变某一组住宅朝向的方法。这种方法引起简洁明快而被广泛地采用。

2. 周边式布置

住宅建筑沿街坊或院落周边布置的形式成为周边布置形式（图 6-8）。这种布置形式有利于形成较为封闭完整的空间，而且由于内部能够形成一个院落而便于组织公共绿地；有利于阻挡风沙和减少积雪；有利于节约用地，提高面积密度。但采用这种布置形式时会有一部分房间的朝向差，而且由于有转角的存在，抗震效果会有所降低。

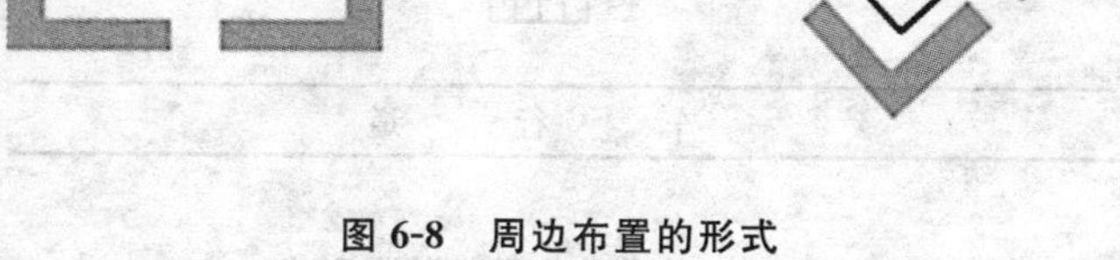

图 6-8 周边布置的形式

3. 自由式布置

这种布置形式结合地形，在满足基本功能要求的前提下，丰富了空间，一般是用于山区等地形变化较大的地区。

4. 院落式布置

低层住宅的群体还可以把一幢四户联排的住宅和两幢两户联排的住宅组成一个院落。以此为基本单元组织成住宅小区。这种形式形成的院落清静、干净、安全而且还容易产生亲切感，但在布置时应该注意四户联排住宅中间两户的建筑设计（图 6-9）。

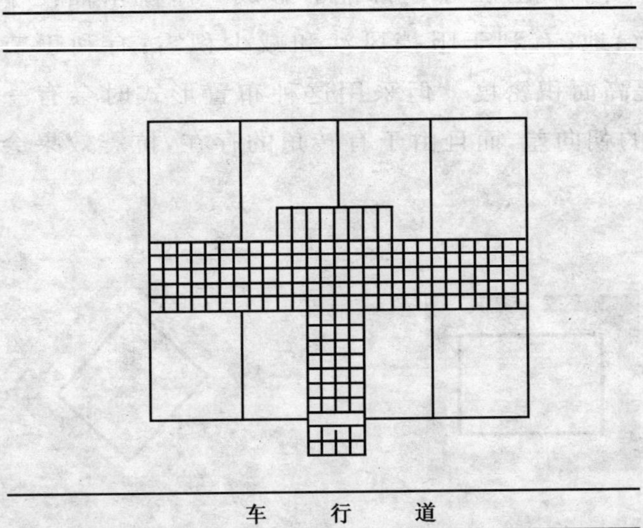

图 6-9　院落式布置的基本形式

5. 混合式布置

混合式布置时采用两种以上上述方式进行布置的形

式。最常见的是将行列式与周边式混合布置，以行列式为主，少量运用周边式形成半开敞的院落，这样既保留了行列式和周边式的优点也避免了一些缺点，被广泛采用（图 6-10）。

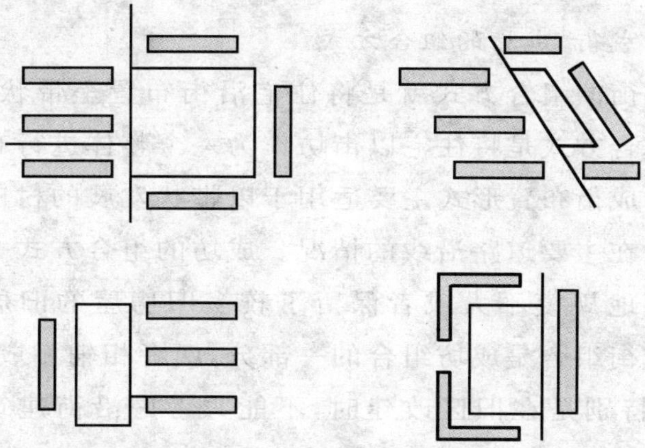

图 6-10 混合布置的形式

（六）住宅群体的组合方式

住宅群体的组合方式是将一定规模和数量的住宅以某一种合理、适用的方式组合成组或成团从而形成居住小区或居住区的基本单元。这样的组合方式有很多，一般依据各地的实际情况进行组合，以下介绍的是 2 种基本的组合形式：

1. 成组成团的组合方式

这种方式是以住宅组团为基本组合单元，住宅组团相当于一个居住小组的规模，人数为1 000～2 000人，组团之间可以用绿地、道路、河流、公共建筑等进行分隔。成组成团的方式有利于分散建设，即使在一次建设量较小的情况下，也容易使住宅组团在短期内建设完成。

2. 成街、成坊的组合方式

成街的组合方式就是将住宅沿街布置呈带状，而成坊的组合方式是将住宅以街坊作为一个整体进行布置的方式。成街布置形式主要适用于以带状发展的村庄或住宅集中在主要道路沿线的情况。成坊的组合方式一般适用于用地规模不大或者保留了较多旧房屋的旧居住地段。成街组合是成坊组合的一部分，两者相辅相成，密切结合，特别是在旧区改建时，不能只考虑沿街建筑的布置，而不考虑整个街坊的规划设计。

（七）住宅群体的空间组合

住宅群体的空间组合就是运用建筑空间构图的规律以及建筑空间构图的手段将住宅、公共建筑、绿化种植、道路和建筑小品等有机的组成完整统一的建筑群体。住宅群体的空间组合不只是为了满足使用要求，同时也是为了满足建筑的技术和建筑形象的要求。对建筑群体进行评价不只是要看单个建筑物设计的好坏，主要是看整个建筑群体是否和谐完整。建筑群体的空间构图手段主要有以下几种：

1. 对比

所谓对比就是指同一性质物质的悬殊差别。比如大与小、长与短、简单与复杂、高与低、横与竖、虚与实、色彩的冷与暖、轻与重、明与暗等的对比。对比手法是建筑群体空间构图的主要方法之一，通过运用对比可以达到突出主体或使建筑空间富于变化，从而打破单调沉闷和呆板的感觉。

2. 韵律和节奏

同一形体有规律的重复和交替使用所产生的空间效果称之为韵律和节奏。例如连续、渐变和交错等。韵律和节奏的构图手法常用于沿街或沿河线状布置的建筑群体组合，能够打破呆板的感觉。应该注意的是这种交替重复的数量不宜过多，否则会给人以累赘之感。

3. 比例和尺度

在建筑构图范畴内，比例的含义是指建筑物的整体或局部在其长、宽、高的尺寸、体量间的关系以及建筑的整体与局部、局部与局部、整体与周围环境之间尺寸、体量的关系。而尺度的概念则与建筑物的性质、使用对象密切相关。不同使用性质、不同体量大小的建筑物其适宜的比例和尺度也是不同的。在组织居住院落的空间时，就要考虑住宅高度与院落大小的比例关系和院落本身的长宽高的比例。一般认为建筑高度与院落进深的比例在 1∶3 左右为宜，而院落的长宽比例则不宜过大，否则会形成狭长的院落，既使用不方便，在心理感受上也容易给人以压抑沉闷的感觉。沿街的建筑群体组合，也应注意街道宽度与两侧建筑物高度的比例关系。比例不当会使人感到空旷或形成了狭长的胡同。一般认为道路的宽度为两侧建筑物高度的 3 倍左右为宜，这样的比例可以使人们比较完整地欣赏建筑群体。

4. 色彩

色彩是每个建筑物不可分割的特性之一，对建筑物美的表现起着重要作用。建筑物色彩如何选取要看建筑物的性质。公共建筑的色彩选择范围很大，可表现活泼，可表现庄重，而住宅建筑的色彩应以淡雅为宜。住宅群体的色彩要整体考虑，色调力求统一协调；对建筑的局部如阳台、栏杆等的色彩可做重点处理，以达到统一中有变化。

二、旧村改造

党的十六届五中全会把社会主义新农村建设作为统筹城乡发展，实现共同富裕的重大战略进行了全面部署，标志着我国新农村建设高潮的到来。落实这一重大战略部署，必须从广大农村大量存在旧宅的实际出发，在抓好新村建设的同时，重点搞好旧村改造，从根本上加快新农村建设的进程。

(一)旧村改造的意义

目前许多旧村中存在新旧房屋交叉严重，屋边有粪坑、猪栏，路边、河边到处是垃圾，一片肮脏；居住房屋质量差，旧屋偏多，农村脏乱差的状况未从根本上得到治理；当然，农民群众还存在文明意识、环境意识和卫生意识差等现象。这些现象严重阻碍我国新农村建设的步伐，因此进行旧村改造，就是要使农村脏乱差的状况从根本上得到治理，意义重大。

①把旧村改造作为社会主义新农村建设的重要组成部分，既是实现农村现代化、加快城乡一体化发展的客观要求，也是提高农民综合素质、促进农村可持续发展的重要途径。

②改善农村基础设施、生态环境和人居条件，呈现出民居美化、街院净化、道路硬化、村庄绿化的面貌，提高农民的生活质量。

③保护传统的农村风貌，有利于进一步规范农村建设，促进农村土地集约利用，提高土地利用效益和利用水平，充分利用现有建筑，节约资金。

④有利于加强农民住宅建设的安全管理，提高施工质量，增强农村地区的抗灾防灾能力；有利于加强农村基层政权建设和社会事业的发展，构建和谐社会。

(二)旧村改造的原则

旧村改造是一项复杂的社会工程，既要照顾现状条件，又要考虑远景发展；既要合理利用现有基础，又要改变村中不合理的现象，因此必须要有正确的指导思想。

①旧村改造要立足于现状，根据实际情况制定出近期的改造内容和具体项目。同时，旧村改造也要考虑村

庄的长远利益，制定出远期规划内容。近期规划内容要与远期规划内容相一致，能够衔接好，并且在实施过程中分期、分批实现，保证整个改造过程的连续性和一致性。

②旧村改造应本着因地制宜、量力而行的原则。在决定改建规划的方式、规模、速度时应充分了解当地的实际情况，如村民的经济实力、有无拆盖新房的愿望和能力。在改建过程中应避免几种错误做法，一是盲目拆迁，不考虑村民的承受能力和意愿；二是改造后的村庄没有地方特色；三是没有远见，改造后的村庄很多地方不适用也不安全。

③坚持保护环境，可持续发展的原则。旧村改造要着眼于长远利益，立足于资源的节约与综合利用，切实保护好生态环境，加强环境综合整治，大力发展循环经济，推广使用新材料、新能源、新技术，建设节能省地、防震防灾型住宅，实现经济、社会和生态的可持续发展。

④坚持规划先行，合理有序建设的原则。旧村改造必须依据所在乡镇的土地利用总体规划和乡镇域规划，做好改造村的建设规划、土地利用规划和经济发展规划，并按照有关程序报批，杜绝未批先建、少批多建、越权审批等违法行为。

⑤坚持合理推进，防止盲目开发的原则。旧村改造必须考虑本村的经济基础、就业环境和改造后的问题，必须进行充分论证和可行性研究，防止急功近利，不切实际，一哄而上，搞遍地开花、低水平分散建设。

⑥坚持保护耕地，集约利用土地的原则。旧村改造的建设用地要严格控制在村庄占地范围内，严格控制占用农用地，严格禁止占用耕地，特别是基本农田，要节约并集约利用土地，大力发展二、三产业，提高土地的利用效益。

⑦要有地方特色，符合当地的风土民情，不能千篇一律，若按照统一模式建造的新居，由于千篇一律、千人一面，丧失了原来的地域特色，是原居民渐渐失去了对于乡土的那种归属感。

(三)旧村改造实施思路

1. 科学规划，先行试点

旧村改造是一项系统工程，内容繁杂，涉及面广，必须先行进行科学合理的规划工作。

2. 因村制宜，形式多样

由于各地区、乡镇、各村间经济基础条件的不同，差异性较大，因此，不能搞“一刀切”，要结合本村的实际情况，本着相互合作、共同发展的原则，选择适合于本村的改造方式，创出特色。

3. 点面结合，带动周边

在规划建设上应与中心城市、中心城镇、中心村建设、山区险村搬迁、生态移民搬迁结合起来，在经济发展上与产业结构调整结合起来，在基础设施建设上与周边的公路干线、天然气管道等大市政结合起来，同时带动周边村向试点村集聚。

4. 多元筹资，共同建设

要充分发挥市场配置资源的基础性作用，采用多种形式，多渠道筹措建设资金，形成政府、社会、企业、个人等相结合的多元化投资渠道。

(四)旧村改造的内容

旧村改造的内容应根据村镇的现状情况，包括该村的经济水平、发展速度、现有建筑物的数量、新旧程度、位置、各街道的新旧程度等因素而定。由于各个村庄的实际情况不同，在改造过程中的侧重点也就不同，一般来说村庄改造规划应包括以下内容：

①确定村庄用地标准，包括人均建设用地标准、建设用地构成比例，人均各项建设用地标准。

②确定现有和拟建建筑物的数量和等级标准。通过对村庄现状的研究确定哪些建筑需要拆除、哪些建筑需要补充。

③提出调整村庄布局的任务。确定生产建筑用地、居住用地等各项建筑用地的范围界限，改善原来相互混杂干扰的情况，修改道路骨架，调整村镇功能布局。

④作出近期改建地段的规划方案，安排近期建设项目。

⑤根据现状条件，逐步完善绿化系统、给水、排水、供电等基础设施。

(五)旧村改造的方式

在进行旧村改造时根据各村的实际情况，属改建的，以改掉旧的、老的，保护古的，按照新的规划和布局建成一个新的村，采取集聚式、拆迁式、移民式、整理式四种方式进行改造建设；属环境整治村的，一般按缺什么补什么方式进行；以"改路、改厕、改水、改线、改善环境"，"房屋美化、道路硬化、路灯亮化、庭园绿化、环境净化、村庄优化"的"五改"、"六化"为主要内容进行环境整治。对于一些常见问题的具体解决措施是：

1. 旧村中用地功能分区不明确，应调整布局

(1)村庄居住用地中混杂着生产用地应尽量将生产用地集聚在适宜的地段，并合理安排新增生产项目，适当的留出发展备用地。

(2)适当集中就有公共建筑项目，形成村公共中心。

2. 道路宽度不足、道路功能不明确时

首先应分析清楚道路的功能从而确定其合理宽度。在街道扩宽取直时应结合道路的性质和被拆建筑物的质量数量来考虑，尽量减少投资。

3. 对建筑群改建时

首先要分析村现状图和建筑物等级分布图，务必对村内原有各种建筑物的分布位置和建筑密度是否合适、建筑质量的好坏做到心中有数；其次要根据当地经济情况和发展需要，初步确定各种建筑地段的用地面积。旧建筑群的改建需采用调、改、建三者兼施的办法。

(1)调。就是调整建筑物的密度，是指满足改建规划的要求。其办法是"填空补实，酌情拆迁"。"填空补实"

是在原来建筑密度较小的地段上适当地配置新的建筑物，以充分有效的利用土地。某地住宅建筑庭院面积高达 1 000 m^2，而适宜的庭院面积在200～300 m^2，因此可新辟两个庭院，提高建筑密度。对密度过大的地区则应适当拆除。

(2)改。就是改变建筑物的功能性质。对在现状中有些质量尚好致使其位置不合理的建筑，可以改变其使用用途，使其新用途适宜该位置。比如将一些厂房改为仓库。

(3)建。就是按照发展的需要合理布局需要新建的建筑物。

三、规划示例

(一)环境整治型——浙江省宁波市小曹娥镇南新庵村规划

在新农村建设中，南新庵村从整治环境入手，改变脏、乱、差状况，营造“环境整治型”新农村。地处滨海的南新庵村共有 800 多农户，居住比较集中，在全市 27 个村庄规划试点村中，属环境整治型。村里请有关部门编制了村庄建设规划和分步实施方案，使村庄建设规划科学化、规范化。去年底以来，南新庵村完成了村道硬化，水泥马路通到了农民的家门口。同时，全村先后投入 70 多万元，完成了方家路江、村中心横河等近 6 000 m 二三类河道的疏浚及两岸砌石；投入 20 余万元，实施村庄绿化和路灯亮化工程，四塘横江、方家路江两岸及村民房前屋后均种上了香樟、桂花、湿地松、杨梅等树种，全村主要道路两旁均安装了路灯，并家家户户建起水冲无害化厕所。为长期保持洁净的环境，建立长效的保洁机制。南新庵村制定了农户垃圾桶装化管理、统一清运处理制度，建立了由 7 名卫生保洁员组成的常年保洁队伍，每天上门到农户家中收集垃圾，并装运到镇垃圾填埋场统一进行无害化处理。村里还每年评选“十佳卫生户”，给予精神鼓励和物质奖励。

(二)旧村改造型——甘肃省榆树县定远镇猪嘴岭村规划

猪嘴岭村现有 125 户、劳动力 280 人，有耕地面积 1 490 亩，其中水浇地 1 010 亩，旱地 480 亩。农业生产以鲜切花卉为主，是兰州市最大的鲜切花基地。该村地处兰州城郊，是兰州市东扩和构建“一小时经济圈的重要组成部分”。

新村规划按照“服从地方经济和社会发展需要；合理利用保护土地资源；合理布局，逐步建设”的原则，基本确定了“旧村改造型”的村庄改造建设规划。新村建设规划立足现有基础，根据实际情况制定出近期的改造建设内容和具体项目：合理布局村庄设施，基本保留已形成的居住区。同时。根据猪嘴岭村带状的地理特点和风向影响，在村东南约 25 亩土地规划集中建设新建居民住宅区，逐渐转移较分散的居住户。在村中心的村委会办公楼及其周边设置卫生室、村民文化体育活动中心等公共服务设施。建设以两纵三横主干道为骨架，干道及居住户道路配套的道路网络，对现有主干道两旁进行绿化。

（三）整体搬迁型——山东省莱芜县孝义楼新村规划

孝义楼村，地处丘陵地带。有231户、910人，人均占有耕地0.8亩，人多地少的矛盾十分突出。旧村坐落在两条河的汇合点，遇大暴雨整个村庄受洪水威胁，村庄建筑结构布局松散，闲院空地多。

新村规划按照“立足当前，着眼长远，节约土地，有利生产，方便生活”的原则，规划整体搬迁到松山脚下的朝阳坡地上，新村址靠近莱博公路，交通方便；西边靠河，水源充足。新村规划南北长154 m，东西长230 m，占地54亩。全村规划分为四片。南北大街宽10 m，东西大街宽8 m，每两排房子中间有一条宽5 m的小巷。村委会办公室、会议室、卫生室、青年之家等设在村中心。学校设在风景优美而又安静的村东北角。代销店、修理门市部、副业加工设在莱博公路旁，场园设在村西。规划在松山上建一座蓄水300多m^3的水塔，户户用上自来水。每户宅基地4分，盖北屋5间，东南大门、西南栏，南屋为厨房。房架门口、窗口尺寸基本一样。整个村庄布局合理，结构紧凑，道路宽阔笔直。

第七篇　村庄设施的运行与维护管理

村庄设施，应着力于公共基础设施的建设，大力服务于村民。同时，本着"三分建设，七分维护"的原则，着重加强对村庄的管理，按照社区物业管理的模式，使之在文明管理的状态下，正常有序的服务于村庄。

一、村庄设施的运行与维护

(一)村庄给排水设施运行与维护

1. 给水

给水必须满足在水质、水量、水压等方面使用要求。

将生活用水接入市政自来水系统，是保障水源质量的最佳方法。对水泵、给水管道、阀件等设备设施进行定期检查维护，一般为每半年检查一次，检查时观看管道表面有无锈蚀现象，若有锈蚀及时维修，若锈蚀严重应及时更换。给水系统的保温层也应及时进行维护检查，特别是在冬季来临之前。

若采用自己建设水源的模式，必须进行专业的勘测、检验，并且在水源附近不得存在污染源，以保证水源的质量和用水量，摒弃一家一户自设水源现象。

给水管网的布置形式有两种：树枝网式和环状网式（图 7-1）。

（a）树枝网式

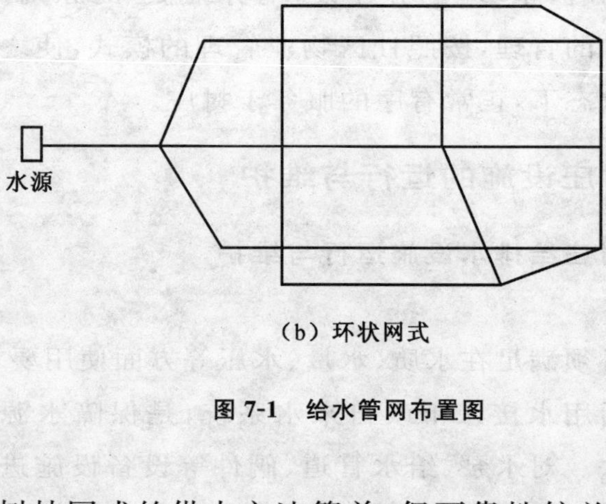

（b）环状网式

图 7-1　给水管网布置图

树枝网式的供水方法简单，但可靠性较差，干管如有损坏，则其后面的全部管网无法正常供水，同时，树枝网的末端水流停滞，有时会使水质恶化。环状网式布置稍复杂，但局部管线损坏检修时，可关闭阀门与其余部分隔开，水流仍可通过另外管线输向用户，供水效果较好，运行与维护方便。

另外，当有新建管线布置时，应遵循：压力管让自流管，新建管让已建管，小管让大管，可弯管让不可弯管。

2. 排水

排水主要包括生活污水、工业废水和降水径流。

排水管道的养护是延长排水管道使用寿命必不可少的工作。特别是生活排水管道，由于粪便污水极易使管道内壁结上尿垢，久不清除，会导致管道内径缩小，流水不畅，易导致污物挂住，导致排水系统堵塞，所以必须定期进行清除工作。

若村庄内有工业废水，必须进行工业废水净化处理并经检验合格后方可排放，以免污染整个村庄的环境系统。

降水径流主要考虑雨水箅子的日常检查，下部清理，防止因杂物堆积导致排水系统失效。另外，结合当地的情况，适当设置雨水收集系统，在雨季收集地表径流，由于地表水可能含有较高的细菌和大量有机物，不适合饮用的话，在简单处理后可以用作灌溉或绿化用水，对于处理设施应定期检查，防止出现堵塞或淤积，影响整个排水系统的失效。

（二）村庄公路照明设施运行与维护

定期检查配电器具、线路的安全性，配电室箱、柜稳定与否，电线是否有老化现象，节点是否有松动、裸露等安全隐患。特别是路灯系统的照明效果，由于村庄不像城市那样商业繁华，到了夜晚如果照明不好，会导致整个社区生活不便及安全性能的大大降低，所以定期进行整个道路系统的路灯检查维护，是十分必要的。

(三)村庄基础公共设施运行与维护

1. 广场

修建合适面积的供大众集会或活动的广场，广场四周设置一些休闲、锻炼的设施，如一些乒乓球、羽毛球、台球等器具、器材。广场的使用中，配备专人负责场地垃圾的清理、厕所的打扫等工作，使用后，做好相关的卫生工作，如公共厕所的消毒，集会或娱乐活动完毕的垃圾外运工作等，以保证整个广场的正常运行，否则会成为一个公众聚集的垃圾场。

2. 绿地

按照国家的相关绿地指标，设置相应的社区绿化。

人均公共绿地面积＝社区公共绿地总面积/社区内常住人口总数，根据社区区域位置、规模大小、人口多少，可设置：结合公共广场设置小公园，道路两旁绿地，宅旁绿地。但是对于当前我国的社区状况而言，应该合理设置绿化(或结合经济型绿化作物)，不可无限制的扩大绿化面积，因为这样需要付出较多资金的维护和管理，造成浪费。

在绿化植物的选择上，不要选用带刺、有毒的植物，尽量结合当地情况，选种抗风性强的植物，速生树和慢生树结合，常绿树和落叶树相结合，不同形态、不同叶色、花色、花期的植物相结合。

二、社区物业管理

(一)社区及物业管理的含义

1. 社区的含义

社区(gemeinschaft)是一个外来语,指那些“具有共同价值取向的人口所组成的、关系密切、守望相助、疾病相抚、富有人情味的团体”。我们认为,我国村庄社区的范畴,恰好符合这种社区的范畴,如居住在一定地域的人群和组织,结成多种社会关系,具有共同利益和共同价值的社会共同体,即村庄。

2. 物业管理的含义

物业,含义为财产、资产、地产、房产等。村庄物业管理,指由村民选聘管理者,再按照村民和管理者的管理合同约定,对房屋及与之相配套的设施设备和场地进行维修、养护、管理,维护相关区域的环境卫生和秩序。

(二)村庄实施社区物业管理的必要性

随着社会经济的发展,村庄人口的增加和村庄规模的不断扩大,村庄在公共基础设施建设和运营管理方面出现了很多新问题,如基础设施严重短缺或者管理能力和效率低下、生态破坏日趋严重等,这些问题都迫切需要人们认真研究解决。通过调查,人们发现除了基础设施严重短缺问题之外,影响社区物业管理的关键是人才缺乏和能力不足,主要表现在:

①缺乏对公共基础设施的规划,公共基础设施缺失。

②缺少现代科学管理知识与方法的管理，造成公共基础设施处于无序管理状态或不规范运作。

新中国成立后，城市的道路、供水、供电、学校、医院等都由财政投资建设，而农村的基础设施和公共服务却大都由农民自己投资。据中国人民银行调查统计司统计，全国10个特大城市基础设施建设的投资占全社会固定资产投资的30%，但世界银行推荐的合理比例应该在15%以下，也就是说，村庄的大多公共基础设施建设都是自己掏腰包“买单”。经调研，我国现有村庄有1/3的地方基本上没有污水处理、垃圾处理和供水设施运行、维护和管理方面的专业技术人员，1/3的调研点在污水处理、垃圾处理、供水设施方面的专业技术人员能力明显不足。因此，对加强农村基础设施的管理，实行社区物业管理，是十分必要而不容忽视的。

（三）社区物业管理的内容

把传统村落改造成现代化的农村新社区，是缩小城乡差别，让广大农民共享现代城市文明的基础性工程，这不仅推动了农村人居环境的改善，还促进了公共服务向农村的延伸。所以，成立社区物业管理服务部，以社区物业管理服务的模式，按照市场运作的方式，及时为农民群众提供有偿或低偿服务，主要服务范围包括：水、电设施维护，环境卫生、社区治安、绿化美化等物业管理，以及公众代办的服务和有针对性的其他专项服务。

1. 社区整体规划的管理

加强规划管理，使原有村庄社区内部的规划不受破坏。社区物业管理的首要任务，就是在按照规划要求，严禁私搭乱建，特别是宅基地的规划、使用，避免出现杂乱无章的现象。

2. 设备设施管理

加强用水、用电管理，实行一户一表制，按月或按季度收费。同时，积极倡导国家节约能源的号召，让群众认识到节约能源的重要性。

3. 村容风貌和环境卫生管理

由于历史原因，我国绝大多数的村庄容貌和环境卫生都比较差，到处可见粪堆、草垛和垃圾堆，对比一些优雅城市环境，落下了一个“脏、乱、差”的代名词。若想彻底改变农村“脏、乱、差”的恶名，应该把重点放在村庄的村容风貌和环境卫生设施的管理使用上。村容风貌和环境卫生管理，是指通过前期具体规划和后期宣传教育、制度建设、技术措施、履约监督、执法检查等工作，防止所辖社区发生风貌不佳和污染。并通过绿化，使环境达到优美。

具体以“一改”——改厕，“四化”——村庄绿化、路灯亮化、卫生洁化、环境美化为指导，切实加强对村容风貌和环境卫生管理，这对于改善居民的生产、生活环境，保障居民的身体健康，改善农村面貌，具有重要的意义，也是社会主义新农村精神文明建设的具体反映。

所以，在社区管理的模式下，应对村容风貌和环境卫生做好以下几个方面的管理工作：

①制定村庄规划时，要从保护环境、卫生、文明和景观艺术的角度出发，根据当地的自然环境、地形、地势，对大气、地面水体、地下水、土壤、饮用与灌溉水源、污水和固体废弃物的处理等方方面面进行分析评价，恰当地安排村庄道路和厕所、垃圾站、垃圾箱配置(图 7-2)。做到一个合理——道路设置合理，两个方便——公厕方便、垃圾倾倒方便。同时，配备专人负责街道、公共场所、公共厕所的清扫、消毒、垃圾清运工作，并做到干净、卫生、清运及时。

普通垃圾桶　　环保垃圾桶

图 7-2　垃圾筒

②加强道路的管理。街道两侧一般不要建设高大院墙，提倡居民修建通透式围墙、矮墙或绿篱。设区道路可分级管理，社区道路由社区物业管理部派人负责，宅间小

路实行门前三包，群众动手，处处干净，做到谁生产的垃圾谁负责，谁的范围谁负责，制定村民公约，人人讲卫生、人人注意环保，不乱堆、乱丢赃物，不随意倾倒垃圾。

③禽畜圈养管理。禽畜若随意在村庄内放养，很难保证环境卫生和村容村貌，所以必须实行圈养，并定时除粪、消毒、灭蝇。

④禁止在道路两旁私自停放车辆、堆设机具或道边晒谷场。有很多村庄在农忙季节在道路两旁停放农用车、堆设晒扬谷场，影响整体形象和安全，必须严格禁止。

⑤根据经济力量的允许，逐步改造前坑厕所，提倡修建沼气厕所，在最大限度环保的同时可以为村镇建设服务，做到既环保用节能和经济。

⑥定期开展环境卫生评优活动，树立环境保护的先进典型，以环保为荣，以破坏环境为耻，以榜样的力量和荣誉感引导个别落后群众。

4. 社区绿化管理

高品质的绿化能给人们创造一个舒适的生活空间，植物可以吸附粉尘，有害气体，美化环境，应该加强绿化的管理养护工作，主要包括：

①浇水：不同植物对水的需求不同，不同季节对水的需求也不同，应根据植物本身特点和季节变化确定浇水量。浇水时，可以合理设置喷灌与滴灌设施相结合，节约用水而且浇灌效果好。浇水应选择在早晨或傍晚进行，以防中午烈日导致水温过高，影响植物的正常生长。

②施肥：根据植物生长的需要，选择合适的肥料，合适的时间施肥。落叶树一般在春初季节进行，常绿树最好在冻土前 1 个月或解冻后进行，草坪一般在春初和秋初季节进行，春初施肥可以促进草坪早日返青，秋初施肥可以延长绿色期。施肥量的多少，应根据土壤的状况而定，若土壤贫瘠，则多施肥，若土壤肥沃，则少施肥。氮肥有利于树木的生长，使树叶面积增大、变厚、绿色加深，磷肥有利于开花、结果，钾肥能促进树木体内纤维的生长和根茎的生长。

③整形、修剪：枝叶过密或随意生长，会影响社区的整体美观，所以必须进行定期修剪，提高观赏价值。

④防治病虫：冬季用石灰水加盐对树干进行涂白，若发现病虫害，必须及时打药灭虫，同时清理因病虫害而枯死的树枝，避免病虫害的扩延。冬季用石灰水加盐对树干进行涂白，消灭越冬的害虫并防止爬虫上树产卵。

⑤防自然和人为损害：对于风较大的地区，对一些幼树或树干不够强壮的树木搭设简易保护架，放置自然灾害而导致树木毁坏。加强对群众的宣传和管理工作，树立标牌或简易围挡，禁止在树干上拉绳晾晒，随意破坏绿化。

5. 社区治安管理

治安管理，历来是一个不容忽视的方面，作为新型村庄模式的社区当然也不例外。

①建立封闭式社区管理模式，配备一定数量的监视

器和对讲设施，以现代化手段“武装”社区。

②实行外来人员、车辆登记制度，对外来人员进行严格管理，保障社区内的安全。

③实行 24 h 内的轮班制，加强夜间防范巡逻制度，使社区群众有一个可靠的安全环境。

④定期对社区物业人员进行业务培训，依法行事管理权利，做到依法管理。通过法律知识的培训，坚决杜绝此类事件的发生，做到依法管理，创建文明社区管理模式，使整个社区朝着和谐文明的方向发展。

总而言之，进行村庄的社区物业管理模式，是要实行制度化管理，同时建立健全长效机制。旧村改造后，长效管理是关键。同时，根据村庄的规模和经济水平进行分类管理：对规模较大，集体经济较强的村，可采用城市小区管理模式，组建专门管理队伍，进行管理；对中等规模村庄、村民经济条件相对较好的村，可采用承包管理模式，村民交纳一定的物业管理费，集中委托管理；对村庄规模较小、村民经济条件较差的村，要动员老干部、老党员、老劳模、老军人、老教师担起管理职责，采取自愿投工为主，集体适当补助的办法。通过分类管理，使村庄管理走上规范化、制度化轨道。

（四）社区物业管理机构构架

1. 社区物业管理机构的基本要求

①体现专业化管理。

②具备服务功能。倡导综合管理、全面服务、群众至

上，为全体社区提供一个良好的生活环境，这也是社区管理的首要任务。

③能充分发挥群众的积极性。

④信息交流通畅。

⑤高效、灵活。社区物业管理的管理和经营，应达到投入最少的钱，办最大的实事，也就是说机构应简化，并随社区的发展变化不断对自己进行及时的调整，达到高效率。

2. 机构设置

社区物业管理机构的设置如图 7-3 所示：

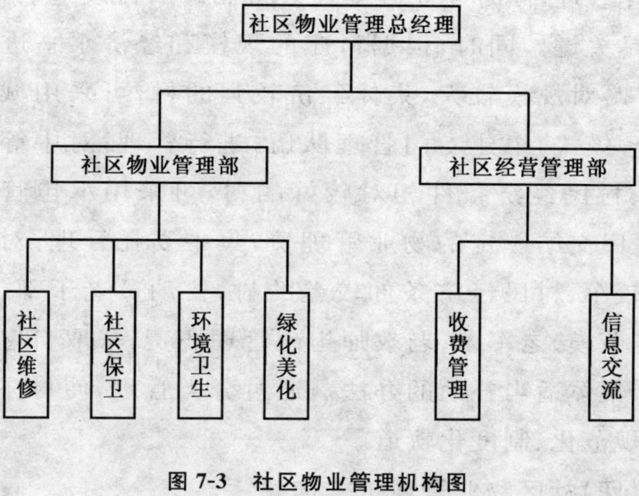

图 7-3　社区物业管理机构图

（五）社区物业管理的原则

社区物业管理是一项操作性很强、综合性很强的系统工作，为了有效实施社区物业管理工作，应把握以下原则：

(1)进行本社区内或对外招聘的模式。俗话说："三分建设、七分管理"。如果以行政管理的模式设置一个简单的管理办公室，却没有合适的人员或管理制度，那么社区物业管理就只能是句空话，所以，必须公开招聘合适的、有管理能力的社区物业管理人员，不能靠行政管理部门的强制干预。

(2)以防为主，防治结合。采取有预见性的预防工作，对设施设备进行提前的完善，控制污染源，防止可能发生的污染，并对已经发生的污染采取有效的控制或管理措施。

(3)技术手段与群众管理相结合。社区物业管理在配置一些仪器、设备，进行专业化管理的同时，绝不能忽视群众管理的必要性，所以应和整个社区的群众一起，发挥群策群力的作用，使有限的资源的利用更合理、更充分，比如设置社区内的分片或分区管理，从细节入手，以小见大。

(4)制度约束与宣传教育相结合。制度约束与监督检查固然重要，但社区物业管理重在防治，以防为主，所以依靠群众自觉维护更为重要。所以，教育宣传是必不可少的，社区物业管理可以采取讲座、会议等形式，向群众灌输科学知识，宣传有关的政策、法规，使群众的自觉意识在潜移默化中增强。例如，南方某社区设立了一个与广大群众息息相关的卫生与健康新知识橱窗，平均每天都有几十人观看阅读，而且自我约束的效果非常明显。

（六）社区物业管理的标准

（1）服务态度。热情。社区物业管理属于服务行业，服务的对象是全体社区群众，所以应树立“以人为本”的基本原则，热情服务。

（2）服务技能。娴熟。服务技能是社区物业管理人员应掌握和具备的基本本领，如工程人员应具备基本的设备维护技术，保卫人员应具备过硬的治安消防本领，管理人员应具备丰富的经验。

（3）服务方式。灵活。社区物业管理除了做到规范管理、依法管理外，还应设身处地的为群众着想，在允许范围内，尽最大能力提供方便。

（4）服务程序。规范。服务程序之服务的先后次序和步骤，它是社区物业管理的保障，必须做到规范。

（5）服务标准。统一。服务标准是体现管理水平的衡量因素，服务不能因人而异，应一视同仁，统一服务。

（6）服务收费。合理。社区物业管理属于有偿服务，但物业管理的相关费用不能高于行政制定的标准，严格禁止乱收费或多收费。

（7）服务制度。健全。社区物业管理应制定系统、科学的制度，以确保为广大群众提供稳定的服务。

（8）服务效率。快速。服务效率反映了社区物业管理水平的高低，所以应尽量减少工作环节，缩短办事时间，提高服务效率。

附　录

附录一　村庄和集镇规划建设管理条例

第一章　总　　则

第一条　为加强村庄、集镇的规划建设管理，改善村庄、集镇的生产、生活环境，促进农村经济和社会发展，制定本条例。

第二条　制定和实施村庄、集镇规划，在村庄、集镇规划区内进行居民住宅、乡（镇）村企业、乡（镇）村公共设施和公益事业等的建设，必须遵守本条例。但是，国家征用集体所有的土地进行的建设除外。

在城市规划区内的村庄、集镇规划的制定和实施，依照城市规划法及其实施条例执行。

第三条　本条例所称村庄，是指农村村民居住和从事各种生产的聚居点。

本条例所称集镇，是指乡、民族乡人民政府所在地和经县经人民政府确认由集市发展而成的作为农村一定区域经济、文化和生活服务中心的非建制镇。

本条例所称村庄、集镇规划区，是指村庄、集镇建成区和因村庄、集镇建设及发展需要实行规划控制的区域。村庄、集镇规划区的具体范围，在村庄、集镇总体规划中划定。

第四条　村庄、集镇规划建设管理，应当坚持合理布局、节约用地的原则，全面规划，正确引导，依靠群众，自力更生，因地制宜，量力而行，逐步建设，实现经济效益、社会效益和环境效益的统一。

第五条　地处洪涝、地震、台风、滑坡等自然灾害易发地区的村庄和集镇，应当按照国家和地方的有关规定，在村庄、集镇总体规划中制定防灾措施。

第六条　国务院建设行政主管部门主管全国的村庄、集镇规划建设管理工作。

县级以上地方人民政府建设行政主管部门主管本行政区域的村庄、集镇规划建设管理工作。

乡级人民政府负责本行政区域的村庄、集镇规划建设管理工作。

第七条　国家鼓励村庄、集镇规划建设管理的科学研究，推广先进技术，提倡在村庄和集镇建设中，结合当地特点，采用新工艺、新材料、新结构。

第二章　村庄和集镇规划的制定

第八条　村庄、集镇规划由乡级人民政府负责组织编制，并监督实施。

第九条　村庄、集镇规划的编制，应当遵循下列原则：

（一）根据国民经济和社会发展计划，结合当地经济发展的现状和要求，以及自然环境、资源条件和历史情况等，统筹兼顾，综合部署村庄和集镇的各项建设；

（二）处理好近期建设与远景发展、改造与新建的关系，使村庄、集镇的性质和建设的规模、速度和标准，同经济发展和农民生活水平相适应；

（三）合理用地，节约用地，各项建设应当相对集中，充分利用原有建设用地，新建、扩建工程及住宅应当尽量不占用耕地和林地；

（四）有利生产，方便生活，合理安排住宅、乡（镇）村企业、乡（镇）村公共设施和公益事业等的建设布局，促进农村各项事业协调发展，并适当留有发展余地；

（五）保护和改善生态环境，防治污染和其他公害，加强绿化和村容镇貌、环境卫生建设。

第十条　村庄、集镇规划的编制，应当以县域规划、农业区划、土地利用总体规划为依据，并同有关部门的专业规划相协调。

县级人民政府组织编制的县域规划，应当包括村庄、集镇建设体系规划。

第十一条　编制村庄、集镇规划，一般分为村庄、集镇总体规划和村庄、集镇建设规划两个阶段进行。

第十二条　村庄、集镇总体规划，是乡级行政区域内村庄和集镇布点规划及相应的各项建设的整体部署。

村庄、集镇总体规划的主要内容包括：乡级行政区域的村庄、集镇布点，村庄和集镇的位置、性质、规模和发展方向，村庄和集镇的交通、供水、供电、邮电、商业、绿化等生产和生活服务设施的配置。

第十三条　村庄、集镇建设规划，应当在村庄、集镇总体规划指导下，具体安排村庄、集镇的各项建设。

集镇建设规划的主要内容包括：住宅、乡（镇）村企业、乡（镇）村公共设施、公益事业等各项建设的用地布局、用地规模，有关的技术经济指标，近期建设工程以及重点地段建设具体安排。

村庄建设规划的主要内容，可以根据本地区经济发展水平，参照集镇建设规划的编制内容，主要对住宅和供水、供电、道路、绿化、环境卫生以及生产配套设施作出具体安排。

第十四条　村庄、集镇总体规划和集镇建设规划，须经乡级人民代表大会审查同意，由乡级人民政府报县级人民政府批准。

村庄建设规划，须经村民会议讨论同意，由乡级人民政府报县级人民政府批准。

第十五条　根据社会经济发展需要，依照本条例第十四条的规定，经乡级人民代表大会或者村民会议同意，乡级人民政府可以对村庄、集镇规划进行局部调整，并报县级人民政府备案。涉及村庄、集镇的性质、规模、发展方向和总体布局重大变更的，依照本条例第十四条规定的程序办理。

第十六条　村庄、集镇规划期限，由省、自治区、直辖市人民政府根据本地区实际情况规定。

第十七条　村庄、集镇规划经批准后，由乡级人民政府公布。

第三章　村庄和集镇规划的实施

第十八条　农村村民在村庄、集镇规划区内建住宅的，应当先向村集体经济组织或者村民委员会提出建房申请，经村民会议讨论通过后，按照下列审批程序办理：

（一）需要使用耕地的，经乡级人民政府审核、县级人民政府建设行政主管部门审查同意并出具选址意见书后，方可依照《土地管理法》向县级人民政府土地管理部门申请用地，经县级人民政府批准后，由县级人民政府土地管理部门划拨土地；

（二）使用原有宅基地、村内空闲地和其他土地的，由乡级人民政府根据村庄、集镇规划和土地利用规划批准。

城镇非农业户口居民在村庄、集镇规划区内需要使用集体所有的土地建住宅的，应当经其所在单位或者居民委员会同意后，依照前款第（一）项规定的审批程序办理。

回原籍村庄、集镇落户的职工、退伍军人和离休、退休干部以及回乡定居的华侨、港澳台同胞，在村庄、集镇规划区内需要使用集体所有的土地建住宅的，依照本条第一款第(一)项规定的审批程序办理。

第十九条　兴建乡(镇)村企业，必须持县级以上地方人民政府批准的设计任务书或者其他批准文件，向县级人民政府建设行政主管部门申请选址定点，县级人民政府建设行政主管部门审查同意并出具选址意见书后，建设单位方可依法向县级人民政府土地管理部门申请用地，经县级以上人民政府批准后，由土地管理部门划拨土地。

第二十条　乡(镇)村公共设施、公益事业建设，须经乡级人民政府审核、县级人民政府建设行政主管部门审查同意并出具选址意见书后，建设单位方可依法向县级人民政府土地管理部门申请用地，经县级以上人民政府批准后，由土地管理部门划拨土地。

第四章　村庄和集镇建设的设计、施工管理

第二十一条　在村庄、集镇规划区内，凡建筑跨度、跨径或者高度超出规定范围的乡(镇)村企业、乡(镇)村公共设施和公益事业的建筑工程，以及二层(含二层)以上的住宅，必须由取得相应的设计资质证书的单位进行设计，或者选用通用设计、标准设计。

跨度、跨径和高度的限定，由省、自治区、直辖市人民政府或者其授权的部门规定。

第二十二条　建筑设计应当贯彻适用、经济、安全和美观的原则，符合国家和地方有关节约资源、抗御灾害的规定，保持地方特色和民族风格，并注意与周围环境相协调。

农村居民住宅设计应当符合紧凑、合理、卫生和安全的要求。

第二十三条　承担村庄、集镇规划区内建筑工程施工任务的单位，必须具有相应的施工资质等级证书或者资质审查证书，并按照规定的经营范围承担施工任务。

在村庄、集镇规划区内从事建筑施工的个体工匠，除承担房屋修缮外，须按有关规定办理施工资质审批手续。

第二十四条　施工单位应当按照设计图纸施工。任何单位和个人不得擅自修改设计图纸；确需修改的，须经原设计单位同意，并出具变更设计通知单或者图纸。

第二十五条　施工单位应当确保施工质量，按照有关的技术规定施工，不得使用不符合工程质量要求的建筑材料和建筑构件。

第二十六条　乡（镇）村企业、乡（镇）村公共设施、公益事业等建设，在开工前，建设单位和个人应当向县级以上人民政府建设行政主管部门提出开工申请，经县级以上人民政府建设行政主管部门对设计、施工条件予以审查批准后，方可开工。

农村居民住宅建设开工的审批程序，由省、自治区、直辖市人民政府规定。

第二十七条　县级人民政府建设行政主管部门，应当对村庄、集镇建设的施工质量进行监督检查。村庄、集镇的建设工程竣工后，应当按照国家的有关规定，经有关部门竣工验收合格后，方可交付使用。

第五章　房屋、公共设施、村容镇貌和环境卫生管理

第二十八条　县级以上人民政府建设行政主管部门，应当加强对村庄、集镇房屋的产权、产籍的管理，依法保护房屋所有人对房屋的所有权。具体办法由国务院建设行政主管部门制定。

第二十九条　任何单位和个人都应当遵守国家和地方有关村庄、集镇的房屋、公共设施的管理规定，保证房屋的使用安全和公共设施的正常使用，不得破坏或者损毁村庄、集镇的道路、桥梁、供水、排水、供电、邮电、绿化等设施。

第三十条　从集镇收取的城市维护建设税，应当用于集镇公共设施的维护和建设，不得挪作他用。

第三十一条　乡级人民政府应当采取措施，保护村庄、集镇饮用水源；有条件的地方，可以集中供水，使水质逐步达到国家规定的生活饮用水卫生标准。

第三十二条　未经乡级人民政府批准，任何单位和个人不得擅自在村庄、集镇规划区内的街道、广场、市场和车站等场所修建临时建筑物、构筑物和其他设施。

第三十三条　任何单位和个人都应当维护村容镇貌

和环境卫生，妥善处理粪堆、垃圾堆、柴草堆，养护树木花草，美化环境。

第三十四条　任何单位和个人都有义务保护村庄、集镇内的文物古迹、古树名木和风景名胜、军事设施、防汛设施，以及国家邮电、通信、输变电、输油管道等设施，不得损坏。

第三十五条　乡级人民政府应当按照国家有关规定，对村庄、集镇建设中形成的具有保存价值的文件、图纸、资料等及时整理归档。

第六章　罚　　则

第三十六条　在村庄、集镇规划区内，未按规划审批程序批准而取得建设用地批准文件，占用土地的，批准文件无效，占用的土地由乡级以上人民政府责令退回。

第三十七条　在村庄、集镇规划区内，未按规划审批程序批准或者违反规划的规定进行建设，严重影响村庄、集镇规划的，由县级人民政府建设行政主管部门责令停止建设，限期拆除或者没收违法建筑物、构筑物和其他设施；影响村庄、集镇规划，尚可采取改正措施的，由县级人民政府建设行政主管部门责令限期改正，处以罚款。

农村居民未经批准或者违反规划的规定建住宅的，乡级人民政府可以依照前款规定处罚。

第三十八条　有下列行为之一的，由县级人民政府建设行政主管部门责令停止设计或者施工、限期改正，并可处以罚款：

（一）未取得设计资质证书，承担建筑跨度、跨径和高度超出规定范围的工程以及二层以上住宅的设计任务或者未按设计资质证书规定的经营范围，承担设计任务的；

（二）未取得施工资质等级证书或者资质审查证书或者未按规定的经营范围，承担施工任务的；

（三）不按有关技术规定施工或者使用不符合工程质量要求的建筑材料和建筑构件的；

（四）未按设计图纸施工或者擅自修改设计图纸的。

取得设计或者施工资质证书的勘察设计、施工单位，为无证单位提供资质证书，超过规定的经营范围，承担设计、施工任务或者设计、施工的质量不符合要求，情节严重的，由原发证机关吊销设计或者施工的资质证书。

第三十九条　有下列行为之一的，由乡级人民政府责令停止侵害，可以处以罚款；造成损失的，并应当赔偿：

（一）损坏村庄和集镇的房屋、公共设施的；

（二）乱堆粪便、垃圾、柴草，破坏村容镇貌和环境卫生的。

第四十条　擅自在村庄、集镇规划区内的街道、广场、市场和车站等场所修建临时建筑物、构筑物和其他设施的，由乡级人民政府责令限期拆除，并可处以罚款。

第四十一条　损坏村庄、集镇内的文物古迹、古树名木和风景名胜、军事设施、防汛设施，以及国家邮电、通信、输变电、输油管道等设施的，依照有关法律、法规的规定处罚。

第四十二条　违反本条例，构成违反治安管理行为的，依照治安管理处罚条例的规定处罚；构成犯罪的，依法追究刑事责任。

第四十三条　村庄、集镇建设管理人员玩忽职守、滥用职权、徇私舞弊的，由所在单位或者上级主管部门给予行政处分；构成犯罪的，依法追究刑事责任。

第四十四条　当事人对行政处罚决定不服的，可以自接到处罚决定通知之日起十五日内，向作出处罚决定机关的上一级机关申请复议；对复议决定不服的，可以自接到复议决定之日起十五日内，向人民法院提起诉讼。当事人也可以自接到处罚决定通知之日起十五日内，直接向人民法院起诉。当事人逾期不申请复议，也不向人民法院提起诉讼，又不履行处罚决定的，作出处罚决定的机关可以申请人民法院强制执行或者依法强制执行。

第七章　附　　则

第四十五条　未设镇建制的国营农场场部、国营林场场部及其基层居民点的规划建设管理，分别由国营农场、国营林场主管部门负责，参照本条例执行。

第四十六条　省、自治区、直辖市人民政府可以根据本条例制定实施办法。

第四十七条　本条例由国务院建设行政主管部门负责解释。

第四十八条　本条例自一九九三年十一月一日起施行。

附录二　村镇规划标准

GB 50188—93

主编部门：中华人民共和国建设部
批准单位：中华人民共和国建设部
施行日期：1994 年 6 月 1 日

1　总则

1.0.1　为了科学地编制村镇规划，加强村镇建设和管理工作，创造良好的劳动和生活环境，促进城乡经济和社会的协调发展，制定本标准。

1.0.2　本标准适用于全国的村庄和集镇的规划，县城以外的建制镇的规划亦按本标准执行。

1.0.3　编制村镇规划，除执行本标准外，尚应符合现行的有关国家标准、规范的规定。

2　村镇规模分级和人口预测

2.1　村镇规模分级

2.1.1　村庄、集镇按其在村镇体系中的地位和职能宜分为基层村、中心村、一般镇、中心镇四个层次。

2.1.2　村镇规划规模分级应按其不同层次及规划常住人口数量，分别划分为大、中、小型三级，并应符合表 2.1.2 的规定。

2.2　村镇人口预测

2.2.1　村镇总人口应为村镇所辖地域范围内常住

人口的总和，其发展预测应按下式计算：

2.2.2　集镇规划中，在进行人口的现状统计和规划预测时，应按其居住状况和参与社会生活的性质进行分类。

表 2.1.2　村镇规划规模分级

规模分级 \ 人口 \ 村镇层次	村庄		集镇	
	基层村	中心村	一般镇	中心镇
大型	＞300	＞1 000	＞3 000	＞10 000
中型	100～300	300～1 000	1 000～3 000	3 000～10 000
小型	＜100	＜300	＜1 000	＜3 000

2.2.3　集镇规划期内的人口分类预测，应按表 2.2.3 的规定计算。

表 2.2.3　集镇规划期内人口分类预测

人口类别		统计范围	预测计算
常住人口	村民	规划范围内的农业户人口	按自然增长计算
	居民	规划范围内的非农业户人口	按自然增长率和机械增长率计算
	集体	单身职工、寄宿学生等	按机械增长计算
通勤人口		劳动、学习在集镇内，住在规划范围外的职工、学生等	按机械增长计算
流动人口		出差、探亲、旅游、赶集等临时参与集镇活动的人员	进行估算

2.2.4　集镇规划期内人口的机械增长，应按下列方法进行计算。

2.2.4.1　建设项目尚未落实的情况下，宜按平均增长法计算人口的发展规模。计算时应分析近年来人口的变化情况，确定每年的人口增长数或增长率。

2.2.4.2　建设项目已经落实、规划期内人口机械增长稳定的情况下，宜按带眷系数法计算人口发展规模。计算时应分析从业者的来源、婚育、落户等状况，以及村镇的生活环境和建设条件等因素，确定增加从业人数及其带眷人数。

2.2.4.3　根据土地的经营情况，预测农业劳力转移时，宜按劳力转化法对村镇所辖地域范围的土地和劳力进行平衡，计算规划期内农业剩余劳力的数量，分析村镇类型、发展水平、地方优势、建设条件和政策影响等因素，确定进镇的劳力比例和人口数量。

2.2.4.4　根据村镇的环境条件，预测发展的合理规模时，宜按环境容量法综合分析当地的发展优势、建设条件，以及环境、生态状况等因素，计算村镇的适宜人口规模。

2.2.5　村庄规划中，在进行人口的现状统计和规划预测时，可不进行分类，其人口规模应按人口的自然增长和农业剩余劳力的转移因素进行计算。

3　村镇用地分类

3.1　用地分类

3.1.1　村镇用地应按土地使用的主要性质划分为：居住建筑用地、公共建筑用地、生产建筑用地、仓储用地、对外交通用地、道路广场用地、公用工程设施用地、绿化用地、水域和其他用地 9 大类、28 小类。

3.1.2　村镇用地的类别应采用字母与数字结合的代号，适用于规划文件的编制和村镇用地的统计工作。

3.1.3　村镇用地的分类和代号应符合表3.1.3的规定。

表3.1.3　村庄用地代号及分类表

类别代号		类别名称	范　围
大类	中类		
R		居住建筑用地	各类居住建筑及其部距和内部小路场地、绿化等用地；不包括路面宽度≥2.5 m的道路
	R1	村民住宅用地	村民户独家使用的住房和附属设施及其户间间距用地、进户小路用地；不包括自留地及其他生产性用地
	R2	居民住宅用地	居民户的住宅、庭院及其间距用地
	R3	其他居住用地	属于R1、R2以外的居住用地，如单身宿舍、敬老院等用地
C		公共服务设施用地	各类公共建筑物及其附属设施、内部道路、场地、绿化等用地
	C1	村务管理设施用地	村委、团体、经济贸易管理机构等用地
	C2	教育设施用地	幼儿园、托儿所、小学、中学、成人学校等用地
	C3	文体娱乐设施用地	文化图书、文化站、娱乐、体育、文物、宗教等用地
	C4	防疫保健设施用地	医疗、防疫、保健、休养和疗养等机构用地
	C5	商贸金融设施用地	各类商业服务业的店铺、信用保险等机构，及其附属建设用地，集市贸易的专用建筑和场地；不包括临时占用街道、广场等设摊用地
M		生产仓储用地	独立设置的各种所有制的生产性建筑及其设施和内部道路、场地、绿化等用地，配套的各类仓储设施用地
	M1	一类工业生产设施用地	对居住和公共环境无干扰和污染的工业，如缝纫、电子、工业品等工业用地

续表 3.1.3

类别代号		类别名称	范　围
大类	中类		
M	M2	二类工业生产设施用地	对居住和公共环境有干扰和污染的工业，如纺织、食品、小型机械等工业用地，以及对居住和公共环境有严重干扰和污染的工业，如采矿、冶金、化学、造纸、制革、建材、大中型机械制造等工业用地
	M3	一类农业生产设施用地	对居住和公共环境无干扰和污染的各类农业建筑，如打谷场、育秧房、兽医站等及其附属设施用地
	M4	二类农业生产设施用地	对居住和公共环境有干扰的各类农业建筑，如饲养场、农机站等及其附属设施用地
	M5	仓储用地	各种物资的中转仓库、专业采购和储存建筑及其附属道路、场地、绿化等用地
S		道路交通用地	规划范围内路面宽度≥2.5 m的道路，广场及停车场等设施用地
	S1	道路用地	规划范围内主路、支路及道路交叉口等用地
	S2	广场用地	公共活动广场，社会停车场用地，不包括各类用地内部的场地
	S3	公路交通设施用地	公路站场及规划范围内的路段、附属设施等用地
	S4	其他交通设施用地	铁路线路、水运、管道运输设施等其他用地
U		公用工程设施用地	各类公共用地和环卫设施用地，包括其建筑物、构筑物及管理、维修设施等用地
	U1	公用工程用地	给水、排水、供电、邮电、通讯、供气、能源等工程设施用地
	U2	环卫设施用地	公厕、垃圾站、粪便和垃圾收集处理设施等用地
	U3	其他公用设施用地	殡葬、防灾设施等用地

续表 3.1.3

类别代号		类别名称	范围
大类	中类		
G		绿地	各类公共绿地、防护绿地；不包括各类用地内部的用地
	G1	公共绿地	面向公众、有一定游憩设施的绿地，如公园、街巷中的绿地、路旁或临水宽度等于和大于 5 m 的绿地
	G2	防护绿地	用于安全、卫生、防风等的防护林带和绿地
E		水域和其他用地	规划范围内的水域、耕地、园地、林地、牧草地、弃置地、露天矿用地等
	E1	水域	江河、湖泊、水库、沟渠、池塘、滩涂等水域；不包括公园绿地中的水面
	E2	耕地	种植各种农作物的土地，包括种植蔬菜为主的耕地：如温室、塑料大棚等用地；有水源保证和灌溉设施，在一般年景能正常灌溉，用以种植水稻、莲藕、等水生作物的耕地；除以上之外的耕地。
	E3	园地	果园、桑园、茶园、橡胶园等园地
	E4	林地	生产乔木、竹类、灌木、沿海红树林等林木的土地
	E5	牧草地	生长各种牧草的土地
	E6	弃置地	由于各种原因未使用或尚不能使用的土地，如裸岩、石砾地、陡坡地、塌陷地、盐碱地、沙荒地、废窑坑
	E7	露天矿用地	各种矿藏的露天开采用地。

3.2 用地计算

3.2.1 村镇的现状和规划用地，应统一按规划范围进行计算。

3.2.2　分片布局的村镇，应分片计算用地，再进行汇总。

3.2.3　村镇用地应按平面投影面积计算，村镇用地的计算单位为公顷(hm^2)。3.2.4　用地面积计算的精确度，应按图纸比例尺确定。

1∶10 000，1∶25 000 的图纸应取值到个位数；1∶5 000的图纸应取值到小数点后一位；1∶1 000，1∶2 000 的图纸应取值到小数点后两位。

3.2.5　村庄用地计算表的格式应符合本标准附录 A.0.1 的规定；集镇用地计算表的格式应符合本标准附录 A.0.2 的规定。

4　规划建设用地标准

4.1　一般规定

4.1.1　村镇建设用地应包括本标准表 3.1.3 村镇用地分类中的居住建筑用地、公共建筑用地、生产建筑用地、仓储用地、对外交通用地、道路广场用地、公用工程设施用地和绿化用地 8 大类之和。

4.1.2　村镇规划的建设用地标准应包括人均建设用地指标、建设用地构成比例和建设用地选择三部分。

4.1.3　村镇人均建设用地指标应为规划范围内的建设用地面积除以常住人口数量的平均数值。人口统计应与用地统计的范围相一致。

4.2　人均建设用地指标

4.2.1　人均建设用地指标应按表4.2.1的规定分

表 4.2.1 人均建设用地指标的等级划分

级别	一	二	三	四	五
人均建设用地指标（m²/人）	＞60≤80	＞80≤100	＞100≤120	＞120≤150	＞150≤170

为五级。

4.2.2 新建村镇的规划，其人均建设用地指标宜按表 4.2.1 中第三级确定，当发展用地偏紧时，可按第二级确定。

4.2.3 对已有的村镇进行规划时，其人均建设用地指标应以现状建设用地的人均水平为基础，根据人均建设用地指标级别和允许调整幅度确定，并应符合表 4.2.3 及本条各款的规定。

表 4.2.3 人均建设用地指标

现状人均建设用地水平（m²/人）	人均建设用地指标级别	允许调整幅度（m²/人）
≤60	一、二	应增 10～25
60.1～80	一、二	可增 5～15
80.1～100	二、三	可增 0～10
100.1～120	二、三、四	可增 0～10
120.1～150	三、四	可减 0～15
120.1～150	四、五	可减 0～20
＞170	五	应减至 170 以内

注：允许调整幅度是指规划人均建设用地指标对现状人均建设用地水平的增减数值

4.2.3.1 第一级用地指标可用于用地紧张地区的

村庄;集镇不得选用。

4.2.3.2 地多人少的边远地区的村镇,应根据所在省、自治区政府规定的建设用地指标确定。

4.3 建设用地构成比例

4.3.1 村镇规划中的居住建筑、公共建筑、道路广场及绿化用地中公共绿地四类用地占建设用地的比例宜符合表4.3.1的规定。

4.3.2 通勤人口和流动人口较多的中心镇,其公共建筑用地所占比例宜选取规定幅度内的较大值。

4.3.3 邻近旅游区及现状绿地较多的村镇,其公共绿地所占比例可大于6%。

表4.3.1 建设用地构成比例

类别代号	用地类别	占建设用地比例(%)
		中心村
R	居住建筑用地	55~70
C	公共建筑用地	6~12
S	道路广场用地	9~16
G1	公共绿地	2~4
四类用地之和		72~92

4.4 建设用地选择

4.4.1 村镇建设用地的选择应根据地理位置和自然条件、占地的数量和质量、现有建筑和工程设施的拆迁和利用、交通运输条件、建设投资和经营费用、环境质量和社会效益等因素，经过技术经济比较，择优确定。

4.4.2 村镇建设用地宜选在生产作业区附近，并应充分利用原有用地调整挖潜，同基本农田保护区规划相协调。当需要扩大用地规模时，宜选择荒地、薄地，不占或少占耕地、林地和人工牧场。

4.4.3 村镇建设用地宜选在水源充足，水质良好，便于排水，通风向阳和地质条件适宜的地段。

4.4.4 村镇建设用地应避开山洪、风口、滑坡、泥石流、洪水淹没、发震断裂带等自然灾害影响的地段；并应避开自然保护区、有开采价值的地下资源和地下采空区。

4.4.5 村镇建设用地宜避免被铁路、重要公路和高压输电线路所穿越。

5 居住建筑用地

5.0.1 村民宅基地和居民住宅用地的规模，应根据所在省、自治区、直辖市政府规定的用地面积指标进行确定。

5.0.2 居住建筑用地的选址，应有利生产，方便生活，具有适宜的卫生条件和建设条件。并应符合下列规定。

5.0.2.1 居住建筑用地应布置在大气污染源的常年最小风向频率的下风侧以及水污染源的上游。

5.0.2.2 居住建筑用地应与生产劳动地点联系方便，又不相互干扰。

5.0.2.3 居住建筑用地位于丘陵和山区时，应优先选用向阳坡，并避开风口和窝风地段。

5.0.2.4 居住建筑用地应具有适合建设的工程地质与水文地质条件。

5.0.3 居住建筑用地的规划，应符合下列规定：

5.0.3.1 居住建筑用地规划应符合村镇用地布局的要求，并应综合考虑相邻用地的功能、道路交通等因素进行规划。

5.0.3.2 居住建筑用地规划应根据不同住户的需求，选定不同的住宅类型，相对集中地进行布置。

5.0.4 居住建筑的布置，应根据气候、用地条件和使用要求，确定居住建筑的类型、朝向、层数、间距和组合方式。并应符合下列规定：

5.0.4.1 居住建筑的布置应符合所在省、自治区、直辖市政府规定的居住建筑的朝向和日照间距系数。

5.0.4.2 居住建筑的平面类型应满足通风要求。在现行的国家标准《建筑气候区划标准》的Ⅱ、Ⅲ、Ⅳ气候区，居住建筑的朝向应使夏季最大频率风向入射角大于15°；在其他气候区，应使夏季最大频率风向入射角大于0°。

5.0.4.3 建筑的间距和通道的设置应符合村镇防灾的要求。

5.0.4.4 宅院宜缩小沿巷路一侧的边长；宅院组合宜采用一条巷路服务两侧住户的组合形式。

6　公共建筑用地

6.0.1　公共建筑项目的配置应符合表 6.0.1 的规定。

表 6.0.1　社会公益型公共建筑项目配置

公共建筑项目	中心村庄	基层村
1. 村委会	●	○
2. 小学	●	○
3. 中学	○	—
3. 幼儿园、托儿所	●	○
4. 文化站(室)	●	○
5. 公用礼堂	○	○
6. 卫生所、计生站	●	●
7. 运动场地	●	○

注：表中●——应设的项目；○——可设的项目

6.0.2　各类公共建筑的用地面积指标应符合表 6.0.2 的规定。

表 6.0.2　公共服务设施项目规定

序号	项目名称	建筑面积控制指标	设置要求
1	托幼	0.32～0.38 m^2/人	儿童人数按各地标准，中、小型村庄根据周围情况设置；大型村庄应设置
2	小学校	0.34～0.37 m^2/人	儿童人数按各地标准，根据具体情况设置
3	卫生站(室)	0.06～0.27 m^2/户	可与其他公建合设

续表 6.0.2

序号	项目名称	建筑面积控制指标	设置要求
4	文化站	200～600 m^2	内容包括：多功能厅、文化娱乐、图书、老人活动用房等，其中老人活动用房占 1/3 以上
5	综合便民商店	100～500 m^2	内容包括小食品、小副食、日用杂品及粮油等
6	自行车，摩托车存车处	1.5 辆/户	一般每 300 户左右设一处
7	汽车场库	0.5 辆/户	预留将来的发展用地
8	(村)居委会	200～500 m^2	对于社区运作的多组团式的村庄居民点，宜每 150～700 户设一处物务管理，每处建筑面积不低于 25 m^2
9	公厕	50 m^2/处	一般每 300 户左右设一处，宜靠近公共活动中心
10	文化宣传栏	长度大于 10 m	可与村委会、文化站建在一起或设于村口、绿地内

注：在项目 3、4、5、6 和 9 的最低指标中选取，大、中、小型农村应依次分别选择其高、中、次值。

6.0.3　村庄和中小型的集镇的公共建筑用地，除学校和卫生院以外，宜集中布置在位置适中、内外联系方便的地段。商业金融机构和集贸设施宜设在村镇人口附近或交通方便的地段。

6.0.4　学校用地应设在阳光充足、环境安静的地段，距离铁路干线应大于 300 m，主要人口不应开向公路。

6.0.5　集贸设施用地应综合考虑交通、环境与节约用地等因素进行布置，并应符合下列规定：

6.0.5.1 集贸设施用地的选址应有利于人流和商品的集散,并不得占用公路、主要干路、车站、码头、桥头等交通量大的地段。影响镇容环境和易燃易爆的商品市场,应设在集镇的边缘,并应符合卫生、安全防护的要求。

6.0.5.2 集贸设施用地的面积应按平集规模确定;非集时应考虑设施和用地的综合利用,并应安排好大集时临时占用的场地。

7 生产建筑和仓储用地

7.0.1 生产建筑用地应根据其对生活环境的影响状况进行选址和布置,并应符合下列规定:

7.0.1.1 本标准用地分类中的一类工业用地可选择在居住建筑或公共建筑用地附近。

7.0.1.2 本标准用地分类中的二类工业用地应选择在常年最小风向频率的上风侧及河流的下游,并应符合现行的国家标准《工业企业设计卫生标准》的有关规定。

7.0.1.3 本标准用地分类中的三类工业用地应按环境保护的要求进行选址,并严禁在该地段内布置居住建筑。

7.0.1.4 对已造成污染的二类、三类工业,必须治理或调整。

7.0.2 工业生产用地应选择在靠近电源、水源,对外交通方便的地段。协作密切的生产项目应邻近布置,相互干扰的生产项目应予以分隔。

7.0.3 农业生产设施用地的选择，应符合下列规定：

7.0.3.1 农机站（场）、打谷场等的选址，应方便田间运输和管理。

7.0.3.2 大中型饲养场地的选址，应满足卫生和防疫要求，宜布置在村镇常年盛行风向的侧风位，以及通风、排水条件良好的地段，并应与村镇保持防护距离。

7.0.3.3 兽医站宜布置在村镇边缘。

7.0.4 仓库及堆场用地的选址，应按存储物品的性质确定，并应设在村镇边缘、交通运输方便的地段。粮、棉、木材、油类、农药等易燃易燃和危险品仓库与厂房、打谷场、居住建筑的距离应符合防火和安全的有关规定。

7.0.5 生产建筑用地、仓储用地的规划，应保证建筑和各项设施之间的防火间距，并应设置消防通路。

8 道路、对外交通和竖向规划

8.1 道路和对外交通规划

8.1.1 道路交通规划应根据村镇之间的联系和村镇各项用地的功能、交通流量，结合自然条件与现状特点，确定道路交通系统，并有利于建筑布置和管线敷设。

8.1.2 村镇所辖地域范围内的道路，按主要功能和使用特点应划分为公路和村镇道路两类，其规划应符合下列规定：

8.1.2.1　公路规划应符合国家现行的《公路工程技术标准》的有关规定。

8.1.2.2　村镇道路可分为四级，其规划的技术指标应符合表8.1.2的规定。

表8.1.2　村镇道路规划技术指标

规划技术指标	村镇道路级别			
	一	二	三	四
计算行车速(km/h)	40	30	20	—
道路红线宽度(m)	24～32	16～24	10～14	—
车行道宽度(m)	14～20	10～14	6～7	3.5
每侧人行道宽度(m)	4～6	3～5	0～2	0
道路间距(m)	≥500	250～500	120～300	60～150

注：表中一、二、三级道路用地按红线宽度计算，四级道路按车行道宽度计算。

8.1.3　村镇道路系统的组成，应符合表8.1.3的规定。

8.1.4　集镇道路应根据其道路现状和规划布局的要求，按道路的功能性质进行合理布置。并应符合下列规定：

8.1.4.1　连接工厂、仓库、车站、码头、货场等的道路，不应穿越集镇的中心地段。

8.1.4.2　位于文化娱乐、商业服务等大型公共建筑前的路段，应设置必要的人流集散场地、绿地和停车场地。

表 8.1.3 村镇道路系统组成

村镇层次	规划规模分级	道路分级			
		一	二	三	四
中心镇	大型	●	●	●	●
	中型	○	●	●	●
	小型	—	●	●	●
一般镇	大型	—	●	●	●
	中型	—	●	●	●
	小型	—	○	●	●
中心村	大型	—	○	●	●
	中型	—	—	●	●
	小型	—	—	●	●
基层村	大型	—	—	●	●
	中型	—	—	○	●
	小型	—	—	—	●

注：①表中●——应设的级别；○——可设的级别。

②当大型中心镇规划人口大于 30 000 人时，其主要道路红线宽度可大于 32 m

8.1.4.3 商业、文化、服务设施集中的路段，可布置为商业步行街，禁止机动车穿越；路口处应设置停车场地。

8.1.5 汽车专用公路，一般公路中的二、三级公路，不应从村镇内部穿过；对于已在公路两侧形成的村镇，应进行调整。

8.2 竖向规划

8.2.1 村镇建设用地的竖向规划，应包括下列内容：

1.确定建筑物、构筑物、场地、道路、排水沟等的规划标高；

2.确定地面排水方式及排水构筑物；

3.进行土方平衡及挖方、填方的合理调配，确定取土和弃土的地点。

8.2.2　村镇建设用地的竖向规划，应符合下列规定：

1.充分利用自然地形，保留原有绿地和水面；

2.有利于地面水排除；

3.符合道路、广场的设计坡度要求；

4.减少土方工程量。

8.2.3　建筑用地的标高应与道路标高相协调，高于或等于邻近道路的中心标高。

8.2.4　村镇建设用地的地面排水，应根据地形特点、降水量和汇水面积等因素，划分排水区域，确定坡向，坡度和管沟系统。

9　公用工程设施规划

9.1　给水工程规划

9.1.1　给水工程规划中，集中式给水应包括确定用水量、水质标准、水源及卫生防护、水质净化、给水设施、管网布置；分散式给水应包括确定用水量、水质标准、水源及卫生防护、取水设施。

9.1.2　集中式给水的用水量应包括生活、生产、消防、浇洒道路和绿化、管网漏水量和未预见水量，并应符合下列要求。

9.1.2.1 生活用水量的计算，应符合下列要求：

(1)居住建筑的生活用水量应按现行的有关国家标准进行计算。

(2)公共建筑的生活用水量，应符合现行的国家标准《建筑给水排水设计规范》的有关规定，也可按居住建筑生活用水量的8%～25%进行估算。

9.1.2.2 生产用水量应包括乡镇工业用水量、畜禽饲养用水量和农业机械用水量，可按所在省、自治区、直辖市政府的有关规定进行计算。

9.1.2.3 消防用水量应符合现行的国家标准《村镇建筑设计防火规范》的有关规定。

9.1.2.4 浇洒道路和绿地的用水量，可根据当地条件确定。

9.1.2.5 管网漏失水量及未预见水量，可按最高日用水量的15%～25%计算。

9.1.3 生活饮用水的水质应符合现行的有关国家标准的规定。

9.1.4 水源的选择应符合下列要求：

1. 水量充足，水源卫生条件好、便于卫生防护；

2. 原水水质符合要求，优先选用地下水；

3. 取水、净水、输配水设施安全经济，具备施工条件；

4. 选择地下水作为给水水源时，不得超量开采；选择地表水作为给水水源时，其枯水期的保证率不得低于90%。

9.1.5　给水管网系统的布置，干管的方向应与给水的主要流向一致，并应以最短距离向用水大户供水。给水干管最不利点的最小服务水头，单层建筑物可按5～10 m计算，建筑物每增加一层应增压3 m。

分散式给水应符合现行的有关国家标准的规定。

9.2　排水工程规划

9.2.1　排水工程规划应包括确定排水量、排水体制、排放标准、排水系统布置、污水处理方式。

9.2.2　排水量应包括污水量、雨水量，污水量应包括生活污水量和生产污水量，并应按下列要求计算。

9.2.2.1　生活污水量可按生活用水量的75%～90%进行计算。

9.2.2.2　生产污水量及变化系数应按产品种类、生产工艺特点和用水量确定，也可按生产用水量的75%～90%进行计算。

9.2.2.3　雨水量宜按邻近城市的标准计算。

9.2.3　排水体制宜选择分流制。条件不具备的小型村镇可选择合流制，但在污水排入系统前，应采用化粪池、生活污水净化沼气池等方法进行预处理。

9.2.4　污水排放应符合现行的国家标准《污水综合排放标准》的有关规定；污水用于农田灌溉，应符合现行的国家标准《农田灌溉水质标准》的有关规定。

9.2.5　布置排水管渠时，雨水应充分利用地面径流和沟渠排除；污水应通过管道或暗渠排放，雨水、污水的管、渠均应按重力流设计。

9.2.6　分散式与合流制中的生活污水，宜采用净化沼气池、双层沉淀池或化粪池等进行处理；集中式生活污水，宜采用活性污泥法、生物膜法等技术处理。生产污水的处理设施，应与生产设施建设同步进行。污水采用集中处理时，污水处理厂的位置应选在村镇的下游，靠近受纳水体或农田灌溉区。

9.3　供电工程规划

9.3.1　供电工程规划应包括预测村镇所辖地域范围内的供电负荷、确定电源和电压等级，布置供电线路、配置供电设施。

9.3.2　村镇所辖地域范围供电负荷的计算，应包括生活用电、乡镇企业用电和农业用电的负荷。

9.3.3　供电电源和变电站站址的选择应以县域供电规划为依据，并符合建站的建设条件，线路进出方便和接近负荷中心。

9.3.4　变电站出线电压等级应按所在地区规定的电压标准确定。

9.3.5　供电线路的布置，应符合下列规定：

1.宜沿公路、村镇道路布置；

2.宜采用同杆并架的架设方式；

3.线路走廊不应穿过村镇住宅、森林、危险品仓库等地段；

4.应减少交叉、跨越、避免对弱电的干扰；

5.变电站出线宜将工业线路和农业线路分开设置。

9.3.6　供电变压器容量的选择，应根据生活用电、乡镇企业用电和农业用电的负荷确定。

9.3.7　重要公用设施、医疗单位或用电大户应单独设置变压设备或供电电源。

9.4　邮电工程规划

9.4.1　邮电工程规划应包括确定邮政、电信设施的位置、规模、设施水平和管线布置。

9.4.2　邮电设施的规划应依据县域邮政、电信规划制定。

9.4.3　邮政局(所)的选址应利于邮件运输,方便用户。

9.4.4　电信局(所)的选址,应符合下列规定:

9.4.4.1　宜靠近上一级电信局来线一侧。

9.4.4.2　应设在用户密度中心。

9.4.4.3　应设在环境安全、交通方便,符合建设条件的地段。

9.4.5　电话普及率应结合当地经济和社会发展需要,确定百人拥有的电话机部数。

9.4.6　电信线路布置,应符合下列规定:

9.4.6.1　应避开易受洪水淹没、河岸塌陷、土坡塌方以及有严重污染等地区。

9.4.6.2　应便于架设、巡察和检修。

9.4.6.3　宜设在电力线走向的道路另一侧。

9.5　村镇防洪规划

9.5.1　村镇所辖地域范围的防洪规划,应按现行的国家标准《防洪标准》的有关规定执行。邻近大型工矿企业、交通运输设施、文物古迹和风景区等防护对象的村镇，当不能分别进行防护时，应按就高不就低的原则，按现行的国家标准《防洪标准》的有关规定执行。

9.5.2　村镇的防洪规划，应与当地江河流域、农田水利建设、水土保持、绿化造林等的规划相结合，统一整治河道，修建堤坝、围捻和蓄、滞洪区等防洪工程设施。

9.5.3　位于蓄、滞洪区内的村镇，当根据防洪规划需要修建围村埝（保庄圩）、安全庄台、避水台等就地避洪安全设施时，其位置应避开分洪口、主流顶冲和深水区，其安全超高宜符合表 9.5.3 的规定。

表 9.5.3　就地避洪安全设施的安全超高

安全设施	安置人口（人）	安全超高（m）
围村埝（保庄圩）	地位重要、防护面大、人口≥10 000 的密集区	>2.0
	≥1 000	2.0～1.5
	≥1 000 <10 000	1.5～1.0
	<1 000	1.0
	≥1 000	1.5～1.0
安全庄台、避水台	<1 000	1.0～0.5

注：安全超高是指在蓄、滞洪时的最高洪水以上，考虑水面浪高等因素，避洪安全设施需要增加的富裕高度。

9.5.4　在蓄、滞洪区的村镇建筑内设置安全层时，应统一进行规划，并应符合现行的国家标准《蓄滞洪区建筑工程技术规范》的有关规定。

附录表 A.0.1 村庄用地计算表(一)

序号	类别名称	面积(hm^2)	占总用地比例(%)
1	总用地		
2	村庄建设用地		
3	村庄非建设用地		

附录表 A.0.2 村庄用地计算表(二)

<table>
<tr><th rowspan="3">序号</th><th rowspan="3" colspan="2">用地性质</th><th rowspan="3">用地代号</th><th colspan="2">现状用地</th><th colspan="2">规划用地</th><th rowspan="3">备注</th></tr>
<tr><th>面积</th><th>比例</th><th>面积</th><th>比例</th></tr>
<tr><th>(hm^2)</th><th>(%)</th><th>(hm^2)</th><th>(%)</th></tr>
<tr><td rowspan="4">1</td><td colspan="2">居住建筑用地</td><td>R</td><td></td><td></td><td></td><td></td><td></td></tr>
<tr><td rowspan="3">其中</td><td>村民住宅用地</td><td>R1</td><td></td><td></td><td></td><td></td><td></td></tr>
<tr><td>居民住宅用地</td><td>R2</td><td></td><td></td><td></td><td></td><td></td></tr>
<tr><td>其他居住用地</td><td>R3</td><td></td><td></td><td></td><td></td><td></td></tr>
<tr><td rowspan="6">2</td><td colspan="2">公共服务设施用地</td><td>C</td><td></td><td></td><td></td><td></td><td></td></tr>
<tr><td rowspan="5">其中</td><td>村务管理设施用地</td><td>C1</td><td></td><td></td><td></td><td></td><td></td></tr>
<tr><td>教育设施用地</td><td>C2</td><td></td><td></td><td></td><td></td><td></td></tr>
<tr><td>文体娱乐设施用地</td><td>C3</td><td></td><td></td><td></td><td></td><td></td></tr>
<tr><td>防疫保健设施用地</td><td>C4</td><td></td><td></td><td></td><td></td><td></td></tr>
<tr><td>商贸金融设施用地</td><td>C5</td><td></td><td></td><td></td><td></td><td></td></tr>
<tr><td rowspan="6">3</td><td colspan="2">生产仓储用地</td><td>M</td><td></td><td></td><td></td><td></td><td></td></tr>
<tr><td rowspan="5">其中</td><td>一类工业生产设施用地</td><td>M1</td><td></td><td></td><td></td><td></td><td></td></tr>
<tr><td>二类工业生产设施用地</td><td>M2</td><td></td><td></td><td></td><td></td><td></td></tr>
<tr><td>一类农业生产设施用地</td><td>M3</td><td></td><td></td><td></td><td></td><td></td></tr>
<tr><td>二类农业生产设施用地</td><td>M4</td><td></td><td></td><td></td><td></td><td></td></tr>
<tr><td>仓储用地</td><td>M5</td><td></td><td></td><td></td><td></td><td></td></tr>
</table>

续附录表 A.0.2

序号	用地性质		用地代号	现状用地		规划用地		
				面积（hm^2）	比例（%）	面积（hm^2）	比例（%）	
4	道路交通用地		S					
	其中	道路用地	S1					
		广场用地	S2					
		公路交通设施用地	S3					
		其他交通设施用地	S4					
5	公用工程设施用地		U					
	其中	公用工程用地	U1					
		环卫设施用地	U2					
		其他公用设施用地	U3					
6	绿地		G					
	其中	公共绿地	G1					
		防护绿地	G2					
7	水域和其他用地		E					
	其中	水域	E1					
		耕地	E2					
		园地	E3					
		林地	E4					
		牧草地	E5					
		弃置地	E6					
		露天矿用地	E7					
8	总计							

注：村庄人口规模现状　　人，规划　　人。

附录三　村镇规划编制办法(试行)

2000 年 2 月 14 日建设部建村[2000]36 号

第一章　总　则

第一条　为规范村镇规划的编制，提高村镇规划的质量，根据《中华人民共和国城市规划法》和《村庄和集镇规划建设管理条例》，制定本办法。

第二条　本办法适用于村庄、集镇，县城以外的建制镇可以按照本办法执行。

第三条　编制村镇规划一般分为村镇总体规划和村镇建设规划两个阶段。

第四条　村镇规划由乡（镇）人民政府负责组织编制。

第五条　承担编制村镇规划任务的单位，应当具有国家规定的资格。

第六条　编制村镇规划应当遵循《中华人民共和国城市规划法》和《村庄和集镇规划建设管理条例》确定的规划原则，符合《村镇规划标准》等有关技术规定。

第二章　现状分析图的绘制

第七条　现状分析图是用图的形式表示规划范围内村镇建设的现状，分为乡（镇）域、镇区和村庄现状分析图。

绘制现状分析图应当以适当比例的地形图为底图。

第八条　规划人员在绘制现状分析图前，应当进行调查研究，取得准确的基础资料。

乡（镇）人民政府应当支持规划编制单位进行调查研究，并组织有关部门提供编制村镇规划所需要的基础资料。

调查研究的范围应当包括自然条件、经济社会情况、用地和各类设施现状、生态环境以及历史沿革等。

第九条　乡（镇）域现状分析图应当包括下列内容：

1. 乡（镇）域行政辖区内的土地利用情况，包括农业、水利设施、工矿生产基地、仓储用地以及河湖水系、绿化等的分布；

2. 行政区划，各居民点的位置及其用地范围和人口规模；

3. 道路交通组织、给排水、电力电讯等基础设施的管线、走向，以及客货车站、码头、水源、水厂、变电所、邮政所等的位置；

4. 主要公共建筑的位置、规模及其服务范围；

5. 防洪设施、环保设施的现状情况；

6. 其他需要在现状分析图上表示的内容。

现状分析图上还应当附有存在的问题。

第十条　镇区现状分析图应当包括下列内容：

1. 行政区和建成区界线，各类建设用地的规模与

布局;

2. 各类建筑的分布和质量分析;

3. 道路走向、宽度,对外交通以及客货站、码头等的位置;

4. 水厂、给排水系统,水源地位置及保护范围;

5. 电力、电讯及其他基础设施;

6. 主要公共建筑的位置与规模;

7. 固体废弃物、污水处理设施的位置、占地范围;

8. 其他对建设规划有影响的,需要在图纸上表示的内容。

现状分析图还应当附有存在的问题。

第十一条　村庄现状分析图的内容可参照第十条适当简化。

第三章　村镇总体规划的编制

第十二条　村镇总体规划是对乡(镇)域范围内村镇体系及重要建设项目的整体部署。

第十三条　在编制村镇总体规划前可以先制定村镇总体规划纲要,作为编制村镇总体规划的依据。

第十四条　村镇总体规划纲要应当包括下列内容:

1. 根据县(市)域规划,特别是县(市)域城镇体系规划所提出的要求,确定乡(镇)的性质和发展方向;

2. 根据对乡(镇)本身发展优势、潜力与局限性的分析,评价其发展条件,明确长远发展目标;

3. 根据农业现代化建设的需要，提出调整村庄布局的建议，原则确定村镇体系的结构与布局；

4. 预测人口的规模与结构变化，重点是农业富余劳动力空间转移的速度、流向与城镇化水平；

5. 提出各项基础设施与主要公共建筑的配置建议；

6. 原则确定建设用地标准与主要用地指标，选择建设发展用地，提出镇区的规划范围和用地的大体布局。

第十五条　村镇总体规划纲要应当经乡（镇）人民政府批准后，方可作为编制村镇总体规划的依据。

第十六条　村镇总体规划的主要任务是：综合评价乡（镇）发展条件；确定乡（镇）的性质和发展方向；预测乡（镇）行政区域内的人口规模和结构；拟定所辖各村镇的性质与规模；布置基础设施和主要公共建筑；指导镇区和村庄建设规划的编制。

第十七条　村镇总体规划应当包括下列内容：

1. 对现有居民点与生产基地进行布局调整，明确各自在村镇体系中的地位；

2. 确定各个主要居民点与生产基地的性质和发展方向，明确它们在村镇体系中的职能分工；

3. 确定乡（镇）域及规划范围内主要居民点的人口发展规模和建设用地规模；

人口发展规模的确定：用人口的自然增长加机械增长的方法计算出规划期末乡（镇）域的总人口。在计算人口的机械增长时，应当根据产业结构调整的需要，分别计算出从事一、二、三产业所需要的人口数，估算规划期内有可能进入和迁出规划范围的人口数，预测人口的空间分布。

建设用地规模的确定：根据现状用地分析，土地资源总量以及建设发展的需要，按照《村镇规划标准》确定人均建设用地标准。结合人口的空间分布，确定各主要居民点与生产基地的用地规模和大致范围。

4. 安排交通、供水、排水、供电、电讯等基础设施，确定工程管网走向和技术选型等；

5. 安排卫生院、学校、文化站、商店、农业生产服务中心等对全乡(镇)域有重要影响的主要公共建筑；

6. 提出实施规划的政策措施。

第十八条　村镇总体规划的期限一般为十年至二十年。

第十九条　村镇总体规划的成果应当包括图纸与文字资料两部分。

图纸应当包括：

(1)乡(镇)域现状分析图(比例尺 1∶10 000，根据规模大小可在 1∶5 000～1∶25 000 之间选择)；

(2)村镇总体规划图(比例尺必须与乡(镇)域现状分析图一致)。

文字资料应当包括：

(1)规划文本，主要对规划的各项目标和内容提出规定性要求；

(2)经批准的规划纲要;

(3)规划说明书,主要说明规划的指导思想、内容、重要指标选取的依据,以及在实施中要注意的事项;

(4)基础资料汇编。

第四章 村镇建设规划的编制

第二十条 村镇建设规划是在村镇总体规划的指导下对镇区或村庄建设进行的具体安排,分为镇区建设规划和村庄建设规划。

第二十一条 村镇建设规划的任务是:以村镇总体规划为依据,确定镇区或村庄的性质和发展方向,预测人口和用地规模、结构,进行用地布局,合理配置各项基础设施和主要公共建筑,安排主要建设项目的时间顺序,并具体落实近期建设项目。

第二十二条 镇区建设规划应当包括下列内容:

1.在分析土地资源状况、建设用地现状和经济社会发展需要的基础上,根据《村镇规划标准》确定人均建设用地指标,计算用地总量,再确定各项用地的构成比例和具体数量;

2.进行用地布局,确定居住、公共建筑、生产、公用工程、道路交通系统、仓储、绿地等建筑与设施建设用地的空间布局,做到联系方便、分工明确,划清各项不同使用性质用地的界线;

3.根据村镇总体规划提出的原则要求,对规划范围的供水、排水、供热、供电、电讯、燃气等设施及其工程管线进行具体安排，按照各专业标准规定，确定空中线路、地下管线的走向与布置，并进行综合协调；

4. 确定旧镇区改造和用地调整的原则、方法和步骤；

5. 对中心地区和其他重要地段的建筑体量、体型、色彩提出原则性要求；

6. 确定道路红线宽度、断面形式和控制点坐标标高，进行竖向设计，保证地面排水顺利，尽量减少土石方量；

7. 综合安排环保和防灾等方面和设施；

8. 编制镇区近期建设规划。

第二十三条　镇区近期建设规划要达到直接指导建设或工程设计的深度。建设项目应当落实到指定范围，有四角坐标、控制标高，示意性平面；道路或公用工程设施要标有控制点坐标、标高，并说明各项目的规划要求。

第二十四条　村镇建设规划的期限一般为十年至二十年，宜与总体规划一致。村镇近期建设规划的期限一般为三年至五年。

第二十五条　镇区建设规划的成果应当包括图纸与文字资料两部分。

图纸应当包括：

(1)镇区现状分析图(比例尺 1∶2 000，根据规模大小可在 1∶1 000～1∶5 000 之间选择)；

(2)镇区建设规划图(比例尺必须与现状分析图一致)；

(3)镇区工程规划图(比例尺必须与现状分析图一致);

(4)镇区近期建设规划图(可与建设规划图合并,单独绘制时比例尺采用1∶200～1∶1 000)。

文字资料应当包括规划文本、说明书、基础资料三部分。镇区建设规划与村镇总体规划同时报批时,其文字资料可以合并。

第二十六条　村庄建设规划的内容和成果可以分别参照第二十二条、第二十五条的规定根据实际需要适当简化。

村庄建设规划可以在村镇总体规划和镇区建设规划批准后逐步编制。

第五章　附　　则

第二十七条　农场、林场的各基层居民点的规划亦可以参照本办法编制。

第二十八条　本办法由建设部负责解释。

第二十九条　本办法自发布之日起施行。

附录四　农村电网建设与改造技术原则

第一章　总　则

1.1　为搞好农村电网建设与改造(以下简称农网改造)工作,达到技术先进,安全可靠和节能的目的,满足农村用电增长的需要,提高供电质量和农村配电网的现代化管理水平,特制定本《农村电网建设与改造技术原则》。

1.2　农网改造选用的设备必须是通过省部级或相应级别鉴定的国产设备,应优先选择国家经贸委和国家电力公司推荐的产品。

1.3　各地应根据当地经济发展和用电负荷的情况,在保证用电安全、经济可靠的前提下,因地制宜地采用新技术、新产品、新工艺。

1.4　农网改造工作应严格执行有关设计、施工、验收等技术规程和规范。

第二章　总体要求

2.1　农网改造工程,要注重整体布局和网络结构的优化,应把农网改造纳入电网统一规划。

2.2　农网线路供电半径一般应满足下列要求:

400 V 线路不大于 0.5 km;110 kV 线路不大于 15 km;35 kV 线路不大于 40 km;110 kV 线路不大于

150 km。

2.3 在供电半径过长或经济发达地区宜增加变电所的布点，以缩短供电半径。长远目标为每乡一座变电所，以保证供电质量，满足发展需要。负荷密度小的地区，在保证电压质量和适度控制线损的前提下，10 kV 线路供电半径可适当延长。

2.4 在经济发达和有条件的地区，电网改造工作要同调度自动化、配电自动化、变电所无人值班、无功优化结合起来。暂无条件的也应在结构布局、设备选择等方面予以考虑。

2.5 农网改造后应达到：

2.5.1 农网高压综合线损率降到 10%以下，低压线损率降到 12%以下。

2.5.2 变电所 10 kV 侧功率因数达到 0.9 及以上，100 kVA 及以上电力用户的功率因数达到 0.9 及以上，农业用户的功率因数达到 0.8 及以上。

2.5.3 用户端电压合格率达到 90%及以上，电压允许偏差值应达到：220 V 允许偏差值 +7%～−10%；380 V 允许偏差值 +7%～−7%；10 kV 允许偏差值 +7%～−7%；35 kV 允许偏差值的绝对值之和小于 10%。

2.5.4 城镇地区 10 kV 供电可靠率应达到国家电力公司可靠性中心提出的标准。

2.5.5 农网主变压器容量与配电变压器容量之比宜采用 1∶2.5，配电变压器容量与用电设备容量之比宜采用1∶(1.5～1.8)。

2.6　输电线路路径和变电所所址的选择，应避开行洪、蓄洪区和沼泽、低洼地区，在设计中宜采用经过审定的通用设计或典型设计。

2.7　农网改造工程应尽量利用现有可用设施。

第三章　110 kV输变电工程

3.1　110 kV输变电工程的建设应满足10～15年用电发展需要。

3.2　工程建设必须严格执行国家现行有关规程、规范，设计必须符合规定的设计深度要求。

3.3　变电所的建设，应从全局利益出发，结合国情，符合农网特点，采用中等适用的标准，严格控制占地面积和建筑面积，不搞豪华装修。

第四章　35 kV输变电工程

4.1　农村变电所的建设应坚持“密布点、短半径”的原则，向“户外式、小型化、低造价、安全可靠、技术先进”的方向发展，设计时应考虑无人值班。

4.2　设计标准可考虑10年负荷发展要求，一般可按两台主变考虑。

4.3　变电所进出线应尽量考虑两回及以上接线，线路应采用环网接线方式，开环运行，或根据情况采用放射式单接线方式。

4.4　高压侧选用新型熔断器作为主变压器保护方式的，其相应的 10 kV 侧保护宜采用反时限重合器配合。

4.5　新建变电所保护宜采用微机保护装置，淘汰综合集控台。

4.6　新上主变压器必须采用新型节能变压器，高耗能变压器 3 年内全部更换完毕。

4.7　设备选择应符合总则要求，城镇和经济发达地区宜选用自动化、智能化、无油化、少维护产品。

4.8　导线应选用钢芯铝绞线，导线截面根据经济电流密度选择，并留有 10 年的发展裕度，但不得小于 70 mm^2。在负荷较大的地区，推荐使用稀土导线。

4.9　线路杆塔应首选预应力混凝土电杆，在运输和施工困难的地区可采用部分铁塔。

4.10　标准金具采用国家定型产品，非标准金具必须选用标准钢材并热镀锌。

第五章　10 kV 配网

5.1　农村配电变压器台区应按“小容量、密布点、短半径”的原则建设改造。新建和改造的台区，应选用低损耗配电变压器（目前主要是采用 S9 系列和少量非晶合金配电变压器）。64、73 系列高能耗配电变压器要全部更换。

5.2　变压器容量以现有负荷为基础，适当留有裕度，新增生活用电变压器，单台容量一般不超过100 kVA。

5.3　容量在 315 kVA 及以下的配电变压器宜采用杆上配置，容量在 315 kVA 以上的配电变压器宜采用落地式安装。宜选用多功能配电柜，不宜再建配电房。

5.4　新建和改造配电变压器台应达到以下安全要求：

5.4.1　柱上及屋上安装式变压器底部对地距离不得小于 2.5 m。

5.4.2　落地安装式变压器四周应建围墙（栏），围墙（栏）高度不得小于 1.8 m，围墙（栏）距变压器的外廓净距不小于 0.8 m，变压器底座基础应高于当地最大洪水位，但不得小于 0.3 m。

5.5　配电变压器的高压侧宜采用国家定型的新型熔断器和金属氧化物避雷器。

5.6　低压侧出线导线截面不得小于 35 mm^2（铝线），总开关应采用自动空气开关，并加装漏电保护器。

5.7　城镇配网应采用环网布置，开网运行的结构。乡村配网以单放射式为主，较长的主干线或分支线装设分段或分支开关设备，应积极推广使用自动重合器和自动分段器，并留有配网自动化发展的余地。

5.8　导线应选用钢芯铝绞线，导线截面根据经济电流密度选择，并留有不少于 5 年的发展余度，但应不小于 35 mm^2，负荷小的线路末段可选用 25 mm^2。一般选用裸导线，在城镇或复杂地段可采用绝缘导线。

5.9　负荷密度小、负荷点少和有条件的地区可采用单相变压器或单、三相混合供电的配电方式。

5.10　线路杆塔在农村一般选用 10 m 及以上、城镇内选用 12 m 及以上预应力混凝土电杆。

5.11　未经电力企业同意，不得同杆架设广播、电话、有线电视等其他线路。

5.12　标准金具采用国家定型产品，非标准金具必须选用标准钢材并热镀锌。

第六章　低压配电设施

6.1　低压配电线路布局应与农村发展规划相结合，考虑村、镇建房规划，严格按照部颁 DL 499—92《农村低压电力技术规程》要求进行建设、改造。

6.2　低压主干线路按最大工作电流选取导线截面，但不得小于 35 mm^2，分支线不得小于 25 mm^2（铝绞线）。禁止使用单股、破股线和铁线。

6.3　线路架设应符合有关规程要求。电杆一般采用不小于 8 m 的混凝土电杆，主干线应采用裸导线，但在村镇内，为保证用电安全，通过经济技术比较，可采用绝缘线。电杆拉线应装绝缘子。

6.4　排灌机井线路推荐使用地埋线。

6.5　接户线的相线、中性线或保护线应从同一电杆引下，档距不应大于 25 m，超过时应加接户杆。

6.6　接户线应采用绝缘线，导线截面不应小于 6 mm^2，进户后应加装控制刀闸、熔丝和漏电保护器。进户线必须与通信线、广播线分开进户。进户线穿墙时应装硬质绝缘管，并在户外做滴水弯。

6.7　未经电力企业同意，不得同杆架设广播、电话、有线电视等其他线路。

第七章　无功补偿

7.1　农网无功补偿，坚持“全面规划、合理布局、分级补偿、就地平衡”及“集中补偿与分散补偿相结合，以分散补偿为主；高压补偿与低压补偿相结合，以低压补偿为主；调压与降损相结合，以降损为主”的原则。

7.2　变电所宜采用密集型电容补偿，按无功规划进行补偿，无规划的，可按主变压器容量的 10%～15% 配置。

7.3　100 kVA 及以上的配电变压器宜采用自动跟踪补偿。

7.4　积极推广无功补偿微机监测和自动投切装置。应采用性能可靠、技术先进的集合式、自愈式电容器。

7.5　配电变压器的无功补偿，可按配电变压器容量的 10%～15%配置，线路无功补偿电容器不应与配电变压器同台架设。

第八章　低压计量装置

8.1　农户用电必须实行一户一表计费，村镇公用设施用电必须单独装表计费。

8.2 严禁使用国家明令淘汰及不合格的电能表，宜采用宽量程电能表，电能表要定期校验。

8.3 电能表应按农户用电负荷合理配置。经济发达地区一般按不小于 2 kW/户考虑。

第九章 附 则

9.1 各省（区、市）电力公司根据实际情况，制定相应的技术标准。

9.2 本原则由国家电力公司负责解释。

参考文献

[1]佚名. 中共中央、国务院关于推进社会主义新农村建设的若干意见. 北京:新华网,2006-02-21.

[2]孟宪江. 农村面貌怎样进一步改善——访建设部村镇建设办公室主任李兵弟. 北京:经济日报,2006-02-24.

[3]温家宝. 温家宝强调:要扎实推进社会主义新农村建设. 北京:新华社,2006-03-05.

[4]李力. 国务院发展研究中心农村部部长谈新农村建设资金. 北京:经济日报,2006-02-27.

[5]骆中钊,李宏伟,王炜. 小城镇规划与建设管理. 北京:化学工业出版社,2005.

[6]同济大学. 城市规划原理. 北京:中国建筑工业出版社,2001.

[7]马俊哲,陈肖安. 建设社会主义新农村 100 问. 北京:中国农业大学出版社,2006.

[8]潘茵. 社区物业管理. 北京:电子工业出版社,2004.

[9]农业部科技教育司. 生态家园富民计划. 北京:中国农业出版社,2004.

[10]李西亚,王育军. 路基路面工程. 北京:科学出版社,2004.